历史
百问百答

中国篇

高怀举　主编
王颖　刘景峰　李林林　副主编
中国地图出版社　编著

中国地图出版社
·北京·

图书在版编目（CIP）数据

历史百问百答．中国篇 / 中国地图出版社编著．-- 北京：中国地图出版社，2023.9（2023.11 重印）

ISBN 978-7-5204-3673-1

Ⅰ．①历… Ⅱ．①中… Ⅲ．①中国历史－通俗读物 Ⅳ．① K109

中国国家版本馆 CIP 数据核字（2023）第 165102 号

LISHI BAI-WEN BAI-DA · ZHONGGUO PIAN

历史百问百答 · 中国篇

出版发行	中国地图出版社	邮政编码	100054
社　　址	北京市西城区白纸坊西街 3 号	网　　址	www.sinomaps.com
电　　话	010-83490076　83495213	经　　销	新华书店
印　　刷	河北环京美印刷有限公司	印　　张	13.5
成品规格	170 mm × 240 mm		
版　　次	2023 年 9 月第 1 版	印　　次	2023 年 11 月河北第 2 次印刷
定　　价	69.00 元		
书　　号	ISBN 978-7-5204-3673-1		
审 图 号	GS（2023）2701 号		

＊本书中国国界线系按照中国地图出版社 1989 年出版的 1∶400 万《中华人民共和国地形图》绘制。

前言

《义务教育历史课程标准》（2022年版）提到，义务教育历史课程，是学生在马克思主义唯物史观指导下，了解中外历史发展进程、传承人类文明、提高人文素养的课程，具有鉴古知今、认识历史规律、培养家国情怀、拓宽国际视野的重要作用。历史的学习，有助于学生发展核心素养，培养学生适应未来发展的正确价值观、必备品格和关键能力。

对于刚接触历史学科的学生来说，史海浩瀚，很多内容难以理解，所以他们的脑海里存在很多疑问：

为什么海内外的华人常常自称“炎黄子孙”？

“烽火戏诸侯”是真的吗？

“空中花园”真的在空中吗？

……

这就需要一套以教材为依据，又超越教材的历史书，来深入浅出地回答他们的诸多疑问。

《历史百问百答》密切结合初中历史课标、课本和中考考点，由国内教育专家和重点中学的一线优秀教师精心打造。本书分

“中国篇”“世界篇”两册,将“学生的兴趣点”“教材的知识点”“学生的素养生长点”相结合，每册精选100个问题，用翔实的史料、精练的文字予以解答，内容涵盖人类出现的远古时代至今天的信息时代，力求用作者数十年的教学经验和轻松的语言为学生答疑解惑。

本书的亮点还在于精心编制的数十幅地图，这些地图与初中考点紧密关联，甚至有不少是在考试中高频出现的。它们可以帮助学生构建历史的空间概念，快速掌握答题要点。

除此之外，考虑到读者的阅读习惯，书中配有与正文相关的高清插图，它们不仅可以丰富阅读节奏，还能让学生以信息可视化的方式学习历史知识，从而使其对历史有更深入的理解。

这些图文并茂、生动有趣的问答，能丰富学生的知识储备，激发他们对历史的好奇心，吸引他们阅读，引领他们去探索人类的辉煌历史。

目录

古代卷

001 “北京人头像”是如何复原的？ / 2

002 我们的先民是如何烹饪大米的？ / 4

003 为什么海内外的华人常常自称“炎黄子孙”？ / 6

004 什么是禅让制？ / 8

005 夏朝是一个怎样的王朝？ / 10

006 甲骨文是怎样被发现的？ / 12

007 是“司母戊鼎”还是“后母戊鼎”？ / 14

008 商朝是如何灭亡的？ / 16

009 山东为什么被称为“齐鲁大地”？ / 18

010 “烽火戏诸侯”是真的吗？ / 20

011 造型奇特的三星堆青铜器给了我们什么启示？ / 22

012 齐桓公是怎样成为春秋霸主的？ / 24

013 孔子为什么被称为“万世师表”？ / 26

014 卧薪尝胆是一个怎样的故事？ / 28

015 秦国是怎么崛起的？ / 30

016 什么是合纵和连横？ / 32

017 长平之战为什么被称为“纸上谈兵的悲剧”？ / 34

018 都江堰水利工程是如何建成的？ / 36

019 春秋战国时代，人们使用的是什么样的兵器？ / 38

020 春秋战国对当今的中国有什么影响？ / 40

021 如何评价秦始皇的功过？ / 42

022 阿房宫的历史真相是怎样的？ / 44

023 刘邦是如何建立汉朝的？ / 46

024 什么是“罢黜百家，独尊儒术”？ / 48

025 党锢之祸是怎么回事？ / 50

026 汉画像石是什么？ / 52

027 赤壁之战具有怎样的历史意义？ / 54

028 谁是“草船借箭”的主角？ / 56

029 司马昭之心是什么意思？ / 58

030 祖逖北伐为什么会失败？ / 60

031 “王与马，共天下”是什么意思？ / 62

032 北魏孝文帝改革的内容是什么？ / 64

033 侯景之乱是怎么回事？ / 66

034 “开皇之治”有哪些具体表现？ / 68

035 玄武门之变的导火索是什么？ / 70

036 武则天是个什么样的皇帝？ / 72
037 盛唐为什么会走向衰落？ / 74
038 五代十国时期，文化的发展程度如何？ / 76
039 为什么说陈桥兵变是“千秋疑案”？ / 78
040 澶渊之盟是怎么回事？ / 80
041 靖康之变是如何发生的？ / 82
042 谁是“史学两司马”？ / 84
043 程朱学派有哪些思想主张？ / 86
044 什么是行省制度？ / 88
045 谁是“元曲四大家”？ / 90
046 朱元璋是如何建立明朝的？ / 92
047 朱元璋为什么废除丞相制度？ / 94
048 什么是厂卫特务机构？ / 96
049 清代有哪些重大的文字狱？ / 98
050 《红楼梦》在中国文学史上的地位如何？ / 100
051 清朝是如何巩固西北边疆的？ / 102
052 马戛尔尼访华的成果如何？ / 104
053 虎门销烟的背景和意义是什么？ / 106

近代卷

054 在鸦片战争中，关天培有哪些英雄事迹？ / 110
055 魏源的《海国图志》讲了什么？ / 112
056 为什么说《南京条约》改变了中国的命运？ / 114

057 火烧圆明园的两个“强盗”分别是谁？ / 116

058 谁是龙旗下的“局外人”？ / 118

059 谁造出了中国第一艘蒸汽轮船？ / 120

060 左宗棠为何出征新疆？ / 122

061 郭嵩焘怎样改变了西方人对中国的看法？ / 124

062 在黄海海战中，邓世昌有什么英勇表现？ / 126

063 资产阶级维新派为什么发动戊戌变法？ / 128

064 启蒙思想家严复有哪些成就？ / 130

065 张謇为何放弃仕途？ / 132

066 义和团运动是怎么发生的？ / 134

067 詹天佑是如何修成京张铁路的？ / 136

068 林觉民在《与妻书》中写了什么？ / 138

069 宣统帝为什么退位？ / 140

070 “平民大总统”孙中山有什么样的魅力？ / 142

071 北大的“三只兔子”是哪三位人物？ / 144

072 五四运动是怎么发生的？ / 146

073 中国共产党是如何诞生的？ / 148

074 北洋军阀大混战是怎么回事？ / 150

075 是什么促成了第一次国共合作？ / 152

076 第一次国共合作是如何走向破裂的？ / 154

077 井冈山是如何成为革命圣地的？ / 156

078 九一八事变是怎么爆发的？ / 158

079 溥仪是如何在伪满洲国当上“皇帝”的？ / 160

080 红军为什么长征？ / 162

081 张学良为什么逮捕蒋介石？ / 164
082 全面抗战爆发的标志是什么？ / 166
083 日军在南京犯下了哪些罪行？ / 168
084 汪精卫为什么叛国投日？ / 170
085 国民党军在抗战中牺牲的最高级将领是谁？ / 172
086 中国共产党在抗日战场上牺牲的最高级将领是谁？ / 174
087 重庆谈判产生了哪些成果？ / 176
088 解放战争是如何爆发的？ / 178
089 三大战役是如何进行的？ / 180
090 国民党政权为什么会失败？ / 182

现代卷

091 中共中央为什么做出抗美援朝的决策？ / 186
092 “一五”计划期间，中国取得了哪些成就？ / 188
093 如何看待全面建设社会主义的十年？ / 190
094 中国是如何恢复在联合国的合法席位的？ / 192
095 什么是家庭联产承包责任制？ / 194
096 为什么说十一届三中全会是“伟大的历史转折”？ / 196
097 中美两国是如何建交的？ / 198
098 深圳是如何从小渔村变成国际大都市的？ / 200
099 什么是科教兴国战略？ / 202
100 中国是怎样加入世界贸易组织的？ / 204

古代卷

远古时代—清朝中叶

001 “北京人头像”是如何复原的？

1929年12月2日，古人类学家裴文中在周口店火车站向北平（今北京）发出一封电报：“顷得一头骨，极完整，颇似人。”这封短短的电报震动了中国乃至世界考古学界。这一头骨化石来自著名的“北京人”。

北京人头盖骨的发现

1927年，中国地质调查所和协和医学院组织对北京西南周口店开展考古发掘（1928年，国民政府改北京为北平）。1929年12月2日，裴文中在周口店龙骨山发掘出第一个完整的人类头盖骨化石。从1927年到1937年考古工作因战争中止，周口店遗址共出土5个完整头盖骨、140余枚牙齿及一些肢骨，还有数万件石制品和上百种哺乳动物化石。这是极为重要的考古成就。

北京人复原头像

中华人民共和国成立前，北京人头像都是由外国人复原的。这些复原头像均未能正确反映北京人的外貌特点。

1959年，中国科学院古脊椎动物与古人类研究所吴汝康、吴新智、王存义根据北京人头骨化石的情况，把化石上缺损的部分补全。待头骨复原之后，他们参考了现代中国人软组织的测量、统计资料，对部分软组织的厚度进行了调整。在此基础上，一个栩栩如生的北京人女性头像出现在我们的眼前——她的前额低平，向后倾斜；眉脊粗壮，左右相连，呈屋檐状；颧骨高突，鼻子扁宽，吻部前伸，没有下颏；面部较短，明显前突，头发披散。由于塑造外形时，专家们考虑到北京人生活的艰苦性，所以她的皮肤就不能是皮嫩肉细，表情就不能斯文怡雅。这些特征从北京人复原头像上可以看得十分清楚。

中国境内主要古人类遗址分布图

002 我们的先民是如何烹饪大米的？

香喷喷的大米饭是中国人餐桌上的主食之一。水稻脱壳后就是我们平时说的大米。煮熟后的大米则是米饭。你知道原始时代的米饭是什么样子的吗？

河姆渡遗址的碳化稻谷

20 世纪 70 年代初，浙江余姚的农民在修建排涝站的时候，意外发现了大量古代房屋遗存。这些遗存的所在地就是大名鼎鼎的“河姆渡”。考古专家对河姆渡遗址开展了大规模发掘，他们不仅发掘了房屋，还发现了墓葬群、动物遗骸、生产工具等。最让人惊奇的是，在遗址黑褐色的土层中，闪现出一些黄灿灿的小颗粒。一与空气接触，它们很快就变成了泥土的颜色。考古学家经过仔细辨认，发现它们居然是碳化了的稻谷！经过科学测定，它们在地下已经被埋藏了约 7000 年！后来，考古学家在遗址内发现了大量稻谷、稻壳、稻秆和稻叶等形成的厚厚的堆积层。

先民烹饪大米的方式

河姆渡先民发现稻谷是不可以直接吃的。那么，他们是如何加工稻谷的呢？在河姆渡遗址的发掘过程中，还出土了很多长条形的石盘和石棒。考古学家据此推断，河姆渡先民先把稻谷放在石盘上，然后用石棒碾压稻谷，使之脱壳，之后就得到了大米。

在没有电饭煲的约 7000 年前，大米的烹饪方式成了河姆渡人面临的问题：煮米饭还是熬粥？在河姆渡的房屋遗存内，出土了几

中国原始农耕时代重要遗址分布图

个平淡无奇的敞口圆腹的陶罐。不知为什么，罐子的底部有一层黑色的物质。经过化学分析，人们吃惊地发现，这些黑色物质是碳化的锅巴。这是不是意味着河姆渡人能在陶罐中煮饭？根据生活经验，煮米饭可能会形成锅巴，熬粥也能形成锅巴。考古学家推测，河姆渡先民既不煮米饭，也不熬粥，他们做的是一种介于米饭和粥之间的食物，也就是米糊，或者叫稠粥。尽管河姆渡先民能够种植水稻，但是在生产力不发达的当时，水稻的产量是很低的，再加上后期碾压脱壳造成的损耗，他们最终得到的大米更少。因此，可供煮成米饭的大米不够。如果熬粥的话，虽然节约了大米，但是可能根本吃不饱肚子。只有把大米熬成稠粥，甚至在里面加入果子和菜，才能为先民提供充足的营养。

003 为什么海内外的华人常常自称“炎黄子孙”？

“炎黄子孙”中的“炎”指炎帝，“黄”指黄帝。炎帝和黄帝是我国上古时期的部落首领。

炎帝神农氏

炎帝是上古时期姜姓部落的首领，号神农氏。相传，远古人民以采集、渔猎为生。炎帝彻底改变了先民的生产方式。他发明农业，并教民开垦土地，种植五谷和蔬菜。这反映了中国原始时代由采集、渔猎进步到农业的情况。他尝百草，发现药材，教人

黄帝陵

治病。他还制作陶器，发明纺织，会煮盐，教人们交换物品。炎帝还制作琴瑟，并具有最早的天文和历法知识。

黄帝有熊氏

黄帝为姬姓，名轩辕，号有熊氏，也是部落首领。相传，他能建造宫室以避寒暑，还能制作衣裳，挖掘水井，制造船只，会炼铜，还发明了弓箭和指南车。相传在黄帝时期，仓颉创造文字，伶伦制作音律，隶首发明算盘，黄帝的妻子嫘祖擅长纺织。

从炎黄联盟到中华民族

在部落发展的过程中，神农氏和有熊氏之间爆发了阪泉之战。结果，炎帝战败，归服了黄帝，两大部落结成了炎黄联盟。这一时期，在神州大地上繁衍生息的有西方的炎黄联盟、东方的夷人部落、南方的苗蛮部落。在涿鹿之战中，炎黄联盟打败了以蚩尤为首的夷人部落。从此以后，夷人部落融入了炎黄联盟，这为早期华夏族的形成奠定了基础。后来，经过颛顼、帝喾两个时期的发展，炎黄联盟与苗蛮部落发生了冲突。到了禹在位时，苗蛮部落终于与炎黄联盟融合。

夏朝建立后，华夏族开始形成。这是中国出现的第一个国家。前 221 年，秦始皇建立以华夏为主体的统一的多民族国家。在秦朝疆域内，逐步实现了车同轨、书同文、行同伦，华夏开始成为稳定的族体，为汉民族的形成奠定了基础。秦汉以后，华夏族这一称谓先后为“秦人”“汉人”乃至“唐人”所代替。今天，中华民族是中国各民族的总称。

以上就是中华民族的总体发展脉络。可以看到，炎黄二帝是中国人最早的祖先，所以我们自称“炎黄子孙”。

004 什么是禅让制？

在上古史领域，有一个长期以来令人津津乐道的话题：禅让制。那么，禅让制是什么？它有什么历史意义呢？

尧舜禅让

黄帝之后，先后产生了多位部落联盟首领，其中就包括尧。尧处理部落事务得心应手。在他的领导下，百姓安居乐业。不知不觉间，尧已经当了几十年首领。他觉得自己年纪大了，应该尽早确定继承人。这可是部落里的大事，不能草率，于是尧决定找大家来商量一下。有人推荐尧的儿子丹朱，尧觉得丹朱过于顽劣，并非合适的人选。他认为，继承者应是一位贤能的人。于是，大家又推举了舜。尧问："我听说过舜。这个人怎么样？"

大家说，舜是个很可怜的人。他的母亲早逝，父亲双目失明，糊涂偏心，再婚后又生一子，名"象"。继母和象经常刁难、陷害舜，但舜却能孝顺父母，爱护弟弟。尧听了，决定对舜进行考验。尧把自己的两个女儿嫁给了舜，观察舜处理家庭事务的能力。在舜的努力下，他的两位妻子与公婆的关系非常融洽。尧还安排他到不同的地方工作。舜每到一个地方，都能用高尚的德行感化大家。尧看到舜德才兼备，就把治理天下的大权交给了他。

舜禹禅让

舜在位时，最棘手的事就是治理天下泛滥的洪水。一想到百姓正面临农田被淹、居无定所的悲惨遭遇，舜就吃不下饭，睡不着觉。

大禹治水

怎样才能彻底治理水患呢？尧在位时，曾命鲧治水，鲧让百姓筑起堤坝，堵截洪水，这样治水治了九年，到了舜时，水患依旧。鲧不得力，有谁能接替他，担当治水重任呢？舜看中了鲧的儿子禹，并发动各个部落，令他们配合禹，全力投入治水工程中。禹带领大家开展实地调研，决定采用疏导的方法，根据地势的高低开渠排水。方案确定后，禹和治水大军一起，冒着严寒酷暑劈山破土，治理水患。他曾三次路过自家门口，却都因为心系治水工程而没有进门，“三过家门而不入”的典故就来源于此。禹带着大家没日没夜地苦干了十三年，终于彻底制服了洪水，百姓从此过上了安心的日子。禹建立了大功，成了人们心中的治水英雄，后人为了表示尊重，称他为“大禹”。

到了晚年，舜效仿尧，将部落首领的位子禅让给了治水有功的禹。尧舜禹禅让的故事反映了中国历史早期的民主实践。

005 夏朝是一个怎样的王朝？

我们都知道，夏朝是中国历史上的第一个王朝。那么，是谁建立了夏朝？夏朝的制度建设有什么特点？它的历史地位如何呢？

夏朝的诞生

我们熟悉的“大禹治水”的主角——禹，本是夏后氏部落领袖。治水成功后，禹深受民众拥护，便顺理成章地接替舜，成为部落联盟首领。继位后，禹统领大军，平定了在南方叛乱的三苗部落，进一步增强了自己的威望。为了巩固权力，他在涂山（今安徽省怀远县东南）召集各部落首领开会。此外，禹将九州进贡的青铜铸成了九个鼎，用以象征九州。禹成了各部落的君长，他已掌握了最高的王权。至此，一个国家正式诞生了，这就是中国历史上第一个王朝：夏朝。

世袭制取代禅让制

虽然这是一个全新的时代，但王朝的统治者禹却面临着此前各个时代的领袖都要解决的问题，那就是谁来做他的继承人。皋陶是和禹一起辅佐过舜帝的功臣，很有威望。因此，禹曾选择皋陶做他的接班人。然而，皋陶未及继位就去世了。伯益曾和禹一起治水，禹认可他的能力，便推举伯益做自己的接班人。不过，伯益并非没有竞争者。禹的儿子启十分能干，而且具有一定的政治影响力。为了争夺王位，他暗自笼络了一些部落首领，形成了自己的派系。继位后的第十年，禹到东部地区视察，在会稽山（在浙江省中部绍兴市、嵊州市、诸暨市、东阳市之间）突然去世。随后，伯益接掌了禹的权力。然而，启的支持者反对伯益执掌国政。他们纷纷表示，只认可启继承禹的大位，甚至各方首领不去朝见伯益，而去朝见启。失去支持的伯益最终被启取代。自此之后，禅让制被终结，取而代之的是世袭制。

夏朝的历史地位

夏朝共存在了四百多年。到目前为止，尽管没有文字资料证明夏朝的存在，但2004年启动的“中华文明探源工程”系列考古工作证明，今河南省洛阳市偃师区二里头遗址很有可能是夏朝后期都城的遗址。遗址内出土了宫殿、居民区、制陶作坊、窖穴、墓葬等遗迹，还有大量石器、陶器、玉器、铜器、骨角器等遗物，其中的青铜爵是目前所知中国最早的青铜容器之一，而镶嵌着绿松石的装饰品则代表了那个时代玉器制作的较高水平。《夏小正》是中国最早的物候专著，从中可以看出，夏朝人已经测算出一年有十二个月。这些都说明，中国的原始野蛮时代结束了，文明时代开始了。

二里头遗址出土的乳钉纹铜爵

006 甲骨文是怎样被发现的?

2019年，为纪念甲骨文发现一百二十周年，中国国家博物馆举办“证古泽今——甲骨文文化展”，这一展览展出了近一百九十件甲骨、青铜、玉石等文物，讲述了甲骨文被发现与发掘的惊世过往，展示了博大精深的早期中华文明。那么，甲骨文是如何被发现的呢?

甲骨和甲骨文

“甲骨”是乌龟的甲壳和兽类的骨头，刻在甲骨上的文字就是甲骨文。在商代，上层社会利用龟甲兽骨占卜吉凶时，会在甲骨上刻写卜辞和与占卜有关的记事文字，甲骨文就此诞生。在可识的汉字中，甲骨文是最古老的文字体系。

王懿荣发现甲骨文

清代晚期，小屯（今河南省安阳市小屯村，即殷墟的核心区）的农民不断地从农田里挖出白骨片。他们把这些“龙骨”收集起来，当作药材卖到中药铺。光绪二十五年（1899年），国子监祭酒王懿荣患病。他派人到药店买回一剂中药，无意中看到没被捣碎的龙骨上面刻着一些符号。王懿荣对金石学素有研究，因此这个发现让他大为好奇。他拿起那龙骨，仔细端详起来。经过细致的研判，他觉得这不是一般的刻痕，倒像是古代文字。他翻开典籍，希望从中找出破解心中疑问的线索。

然而，要想深入研究这个问题，光靠典籍是不够的，还需要更

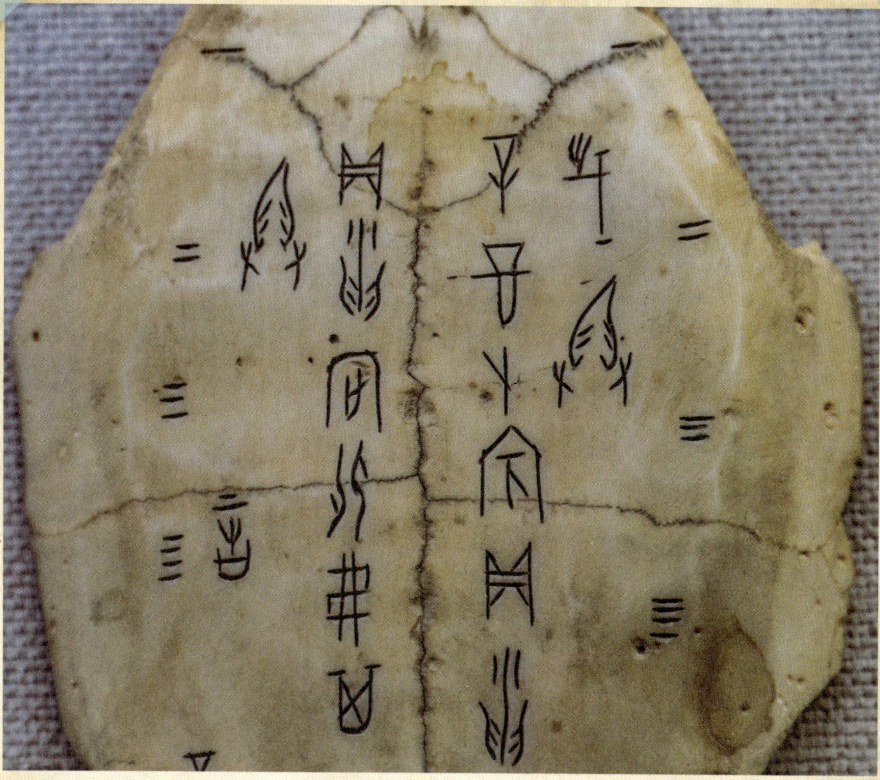

龟甲上的甲骨文

多的龙骨。王懿荣抱病来到药店，叮嘱店老板：如果再有人送龙骨来，请代为引见。没几日，就有人带来了十二片龙骨。王懿荣见到刻有文字的甲骨片，分外高兴。他瞧着眼前神秘的符号，紧缩的眉头舒展了。他兴奋地告诉在场的人：这是比钟鼎文更古老的中国文字！人们听了，才明白，原来这药材是真正的古董。于是，王懿荣以高价买下了这十二片甲骨，并继续大量收购甲骨。他一边收集，一边拿着放大镜逐字研究。随后，一个又一个象形的、怪异的、抽象的、单调的文字符号被破译，字与字连为语言的链条，一个个链条构成清晰的历史记忆。沉睡了三千多年的殷商甲骨文终于被发现了，王懿荣则被后人称为“甲骨文之父”。

007 是“司母戊鼎”还是“后母戊鼎”？

鼎是什么呢？鼎相当于一口大锅，不过它不是普通的大锅，而是古代贵族宴飨、祭祀时的主要用器之一。作为礼器，鼎是中华文化的代表性器物。传说，大禹曾铸九鼎以代表华夏九州，因此鼎在古代也是权力的象征。“后母戊鼎”（旧称“司母戊鼎”）是最著名的鼎之一，现藏于中国国家博物馆。

国之重器

“后母戊鼎”是商代晚期青铜器，长方形，四足，通高 133 厘米，重 832.84 千克，是现存最大的商代青铜器。1939 年，后母戊鼎出土于河南安阳武官村（今属河南省安阳市），因鼎腹内有铭文“后母戊”而得名。“后母戊”是商王文丁的母亲。为了祭祀戊，文丁命人铸造了这一大鼎。

大鼎出土后，日伪得到消息，便来搜寻。为了保护文物，村

后母戊鼎

民又将大鼎埋在了地下。1946 年，安阳军事当局从地下挖出大鼎，鼎缺一耳。当年 10 月，安阳方面为了向蒋介石贺寿，把大鼎运到南京，由中央博物院筹备处保管。

1949 年，南京解放。国民党运送大鼎至台湾不及，大鼎仍在中央博物院筹备处。1950 年，南京博物院成立，大鼎入藏该院。后来，南京博物院修复了大鼎的缺失之耳。

1959 年，南京博物院将大鼎移交正在筹建中的中国历史博物馆（中国国家博物馆的前身之一）。

更名风云

早在 20 世纪 40 年代，学术界就对鼎腹内的铭文提出了“后”“司”两种见解。此后很长一段时期，社会上对“司母戊”的认知度较高，但“后母戊”说一直与之并存，且有证据证明其合理性。比如，有学者以卜辞、殷周金文为依据，认为司、后为正反书，实为一字。这种观点对中国国家博物馆的部分学者产生了影响。这些学者认为：

一、“后”是指母戊的身份，称“后”代表她是“商王之后”；

二、20 世纪 70 年代，妇好墓出土了部分铜器铭文、石文，其中有“后母辛”“后辛”，说明“后母戊”的说法不是孤例；

三、有时，商代文字的写法向左和向右可以互通。

于是，自 2010 年至 2011 年，中国国家博物馆先后在图录和展览中将“司母戊鼎”更名为“后母戊鼎”，这引起了社会较为强烈的反响。直到今天，“司”“戊”之争也没有结束。有的学者认为，“司”说仍然行得通，不赞同中国国家博物馆的更名行为。另一些学者则提出，两说都有道理，建议学界进一步探讨。在没有得出公认的结论前，不对两说进行取舍。

008 商朝是如何灭亡的？

汤灭夏，建立了商朝。商朝的农业比较发达，出现了规模较大的早期城市，成为当时世界上的文明大国。到了纣王时期，商朝的国势快速衰落，最终被周朝取代。那么，商朝是如何灭亡的呢？

荒唐的纣王

纣王偏信宠妃妲己，还横征暴敛，以求填满自己的钱库。如果有大臣对他的荒唐行为提出反对意见，就会被施以残酷的炮烙之刑。时间久了，敢进谏者多被杀害或驱逐，他的周围聚集着阿谀奉承之徒。他发动对东夷的战争，导致很多商朝士兵无辜战死。由于纣王昏庸，所以一些原本拥护商朝的部落开始远离他。

周国崛起

此时，位于岐（今陕西省岐山县东北）的诸侯国“周”，正日渐强大。周的君主姬昌（史称“周文王”）与商朝有杀父之仇：其父季历死于商王文丁之手。周文王虽有灭商之心，但此时周的国力还不足以与商抗衡，所以他忍辱负重，潜心经营。纣王对周国并不放心，便找借口囚禁了周文王。当时，周文王的大儿子伯邑考在商朝做人质。纣王便杀害了伯邑考，并把他做成肉汤，赐给周文王。周文王怀着杀父、杀子之痛喝下了肉汤，并誓死灭商。为求自保，他装作若无其事的样子。同时，他的臣子送给纣王许多奇珍异宝。纣王见周文王的表现不错，认为他对自己构不成威胁，便把他放了。

周文王回到周国，把悲痛和仇恨深埋心底，不懈发展国力，等

周文王像

待灭商的机会。为成就大业，周文王广招天下贤能之士，有抱负的人纷纷为他效力，其中最有名的就是太师姜子牙。姜子牙帮助周文王开疆拓土，加快了灭商的步伐。经过一番征伐，周国“三分天下有其二”。遗憾的是，未及灭商，周文王便因病去世，他的次子姬发（史称“周武王”）即位。周武王尊姜子牙为“师尚父”，命他统领周国军事。另一方面，纣王更加暴虐无道，他身边的忠臣实在看不下去，纷纷前来劝谏。纣王哪里听得进去，他杀了叔父比干，囚禁了哥哥箕子。其他正直的大臣忍无可忍，纷纷离他而去。

牧野之战

此时，灭商的时机已经成熟。周武王通告诸侯共同伐商，诸侯军纷纷前来，与周军一起组成数万联军。联军来到商都朝歌（今河南省淇县）附近的牧野（今河南省淇县西南），周武王在这里誓师，战士们士气高涨。纣王听闻联军将至，便临时纠集士卒七十万，妄图负隅顽抗。双方军队在数量上虽然悬殊，但联军团结一致，战斗力强，商军却如散沙一般，毫无斗志。刚一交战，商军便纷纷倒向联军。纣王见大势已去，就在鹿台（在朝歌）自焚而死。周军进驻朝歌，商朝灭亡，西周开始。

009 山东为什么被称为“齐鲁大地”？

我们都知道，“齐鲁大地”是山东省的别名。那么，山东省为什么被称为齐鲁大地呢？实际上，这个称呼起源于西周时期的分封制。

齐国与鲁国

周武王建立西周后，是“天下共主”，被称为“周天子”。他将王室宗亲、功勋卓著的重臣等分封到各地，赐予他们极大的权力。这些受封者被称为“诸侯”，诸侯可以在封地上建立自己的国家，也就是“诸侯国”。在诸侯国内，诸侯世代占有封地及其居民。当然，享有权力的同时，他们也有必须履行的义务。如果周天子要对外作战，诸侯应带领自己的军队参加。此外，诸侯要定期向周王进献贡物。

周成王封姜太公于今山东北部，建都营丘（后称“临淄”，在今山东省淄博市临淄区北）。春秋初期，齐桓公任用管仲为卿，国力富强，成为霸主。齐国盛时，疆土东到海，西到黄河，南到泰山，北到无棣水（今河北省盐山县南），成为诸侯国中的大国。

鲁国为姬姓，开国君主为周公旦之子伯禽。鲁国在今山东省西南部，建都曲阜（今山东省曲阜市）。作为周天子控制东方的重要据点，鲁国是保存西周礼制较多的诸侯国之一。不过，受当时形势的影响，鲁国开展了一系列变革活动，如著名的“初税亩”。

齐、鲁始封时，各自只有地方百里。经过不断的兼并战争，它们的疆土得到拓展，各自分得今天山东省的一部分。而且，随着政治、经济、文化的交流，两国的联系逐步加强，齐鲁地域文化圈逐步形成。在此基础上，“齐”“鲁”由国家概念向地域概念过渡。

“齐鲁大地”的诞生

首先将齐、鲁并称的，是圣人孔子。他说：“齐一变，至于鲁。鲁一变，至于道。”在这里，孔子强调的是齐、鲁两国的文化联系。到战国后期，“齐鲁”一词便经常出现。有时，它是国家概念，指齐、鲁两国；有时，它是地域概念，指今山东地区；有时，它是地域文化概念，指齐鲁文化。这一方面说明，齐、鲁两国的文化经过逐步融合，到战国时代已初步形成一个统一的文化实体，成为天下向慕的“礼义之邦”了。另一方面，作为地域概念，“齐鲁”也明确地指今天的山东地区。

可见，山东被称为“齐鲁大地”，与两周的历史进程有密切关系。与此类似，起源于两周的地域别称还有“燕赵”“三晋”等。

尼山圣境的孔子巨像

010 “烽火戏诸侯”是真的吗？

《史记》记载，西周因周幽王“烽火戏诸侯”而亡国，但有人认为，历史上并无所谓“烽火戏诸侯”。那么，历史的真相到底如何呢？

司马迁的说法

据《史记》，周幽王是西周末代君主，他有一位宠妃，名叫“褒姒”。褒姒十分美丽，但却冷若冰霜，不喜欢笑。为了逗褒姒开心，周幽王想尽办法，她却始终不笑。周幽王最终决定，在烽火台上做文章。

当时，从都城到边关，沿途遍设烽火台。一旦敌寇进犯，守军立刻点燃烽火，向天子、诸侯报警。诸侯见了烽火，知道天子有难，会起兵救驾。这天，周幽王带着褒姒登上城楼，上演了一出荒唐的

闹剧。原来，周幽王命人点燃烽火，谎报军情，并成功引来诸侯军。赶到镐京（今陕西省西安市长安区西北镐京村附近）城下时，诸侯军见城内灯火辉煌，鼓乐喧天，才知道上了当。大家狼狈不堪，却敢怒不敢言，只好气愤地收兵回营。褒姒见千军万马招之即来，挥之即去，如同儿戏一般，觉得十分好玩，不禁嫣然一笑。

周幽王终于逗笑了褒姒。此后，他屡次上演同样的戏码，导致诸侯无人前来救驾。后来，申侯联合缯侯、犬戎进攻西周。周幽王的烽火召不来诸侯，西周因此灭亡。

“烽火戏诸侯”的破绽

然而，有人对这个故事的真实性提出了质疑。历史学家钱穆在《国史大纲》里就曾说过，“诸侯兵不能见烽同至，至而闻无寇，亦必休兵信宿而去，此有何可笑？”他的意思是，诸侯在各地，并不能同时到达，到了之后见并无战事，无非休整兵马，歇息两夜就回去了，有什么好笑的呢？2008 年，清华大学获得了一批战国竹简。在其中一组竹简中，专家发现了有关西周灭亡的记载，但其中并没有提到“烽火戏诸侯”的故事，这似乎也在某种程度上证明了这个故事并非史实。

西周的亡国

目前，我们可以确定的是，西周的灭亡和宫廷斗争有直接关系。周幽王偏爱褒姒，想废掉太子宜臼和太子的母亲申后，另立褒姒为后，以褒姒的儿子伯服为太子。申后的父亲就是上文中的申侯，即申国的国君。他不满周幽王的做法，联合缯侯、犬戎对抗周幽王。犬戎攻破镐京，周幽王携褒姒、太子仓皇出逃，终被犬戎追上。周幽王被杀死于骊山（今陕西省西安市临潼区东南）脚下，西周亡。

011 造型奇特的三星堆青铜器给了我们什么启示？

三星堆出土了大量青铜器，被誉为“20 世纪人类最重大考古发现之一”。三星堆青铜器造型奇特，迥异于中原地区的青铜器，这给了我们什么启示呢？

面具与人像

三星堆博物馆坐落于四川省广汉市，馆内陈列着这样一副面具：眼球呈柱状，向外凸出 16 厘米；双耳似翅膀，向两侧充分展开；鼻梁短，鼻翼向上内卷；口缝深长，上扬。从整体上看，面具造型奇特，似乎展现出神秘微笑。更重要的是，这副面具巨大无比，它宽 138 厘米，高 66 厘米。它出土的时候，五人合力才把它抬了出来。这是世界上现存年代较早、体形较大的青铜面具，我们称它为“青铜纵目面具”。

1986 年，青铜纵目面具出土于三星堆二号祭祀坑，与它一同出土的有青铜立人像，该像是现存较高、较完整的青铜立人像，被誉为“世界铜像之王”。该像高 180 厘米（冠顶至足底），纵目、大耳、直鼻、长嘴，头戴高帽，身穿三层衣服，衣服上刻有精美纹饰，纹饰以龙纹为主，还有鸟纹、虫纹等。人像的双手环握，似乎曾持有某种物品。其整体形象庄严，表现的似乎是一位具有通天异禀、正在作法的大人物。

古蜀国文明

上文中的两件青铜器只展现了三星堆文明的一角。三星堆文明集中分布于三星堆遗址，该遗址的面积为 12 平方千米，是我国西南地区分布范围较广、延续时间较长、内涵较丰富的古文化遗址。就在这 12 平方千米的土地下，掩藏着古蜀国的辉煌。自古以来真伪莫辨的古蜀国传说，因三星堆而成为信史。

《华阳国志》有这样的记载："有蜀侯蚕丛，其目纵，始称王。"学术界普遍认为，前文提到的青铜纵目面具表现的可能是蚕丛的形象。后来，又有名为"鱼凫"的蜀王。唐代诗人李白在《蜀道难》中感叹道："蚕丛及鱼凫，开国何茫然！"诗句的意思是，传说蚕丛和鱼凫建立了蜀国，但是其开国的年代实在久远，无法详谈。上文中提到的青铜立人像，其造型在三星堆出土文物中多次出现。可以推测，人像的动作是祭司祭祀时的标志性动作，反映了古蜀文明的发展水平。

多元一体的中华文明

在探寻有关历史记忆的过程中，青铜器的意义非凡，这类器物成为历史研究的重要对象。青铜是一种铜、锡合金。刚刚铸造完成时，青铜器呈金色。随着时光变迁，其表面产生锈蚀后变为青绿色，所以有"青铜"之称。与夏商周的青铜器相比，三星堆遗址青铜器在属性上有很大区别。后者多是神像、人像、面具等物品，而差不多同时代的前者多是实用的容器，例如鼎（炊器兼盛食器）、尊（酒器）、鬲（炊器）、簋（食器）等。

无论是三星堆造型奇特的青铜器，还是代表中原文明的夏商周青铜器，都是中华文明的杰作。中华文明并非发源于一地，而是从一开始就如点点繁星，在中华大地上熠熠生辉。

012 齐桓公是怎样成为春秋霸主的?

你知道"春秋五霸"吗?其中,排名第一的是谁?

从公子小白到齐桓公

春秋时代,周王室衰微,周天子缺乏对全天下的号召力,基本成了摆设。有实力的诸侯打着"尊王攘夷"的旗号谋求霸权,比如"春秋五霸"之首齐桓公。

齐桓公,姓姜,名小白。他的哥哥齐襄公统治时期,齐国的政局动荡。为了避祸,小白逃到莒国,他的师傅是鲍叔牙。齐襄公十二年(前 686 年),宗室公孙无知杀掉齐襄公,自立为君。第二年,公孙无知被杀,一时间齐国大乱。齐国正卿高傒是小白的好友。他见齐国无君,立即秘密通知小白,让他赶紧回国夺位。

这时,小白的哥哥公子纠在鲁国,他也得到了消息。在鲁国军队的护送下,公子纠启程回国。同时,公子纠的师傅管仲带兵埋伏在从莒国到齐国的路上。当小白一行进入伏击圈后,管仲一箭射中小白的带钩。小白顺势倒地装死,骗过了管仲。消息传来,公子纠一行认为小白已死,于是放慢脚步,六天后才到达齐国。这时,他们惊讶地发现,小白不但没死,还被立为了国君。于是,"齐桓公"走上了历史的前台。

管仲与齐国的改革

齐桓公即位后,第一件事是派兵攻打鲁国。鲁国战败,为了向齐国谢罪,便杀了公子纠,囚禁了管仲。可齐桓公还感到不解气，想要一并除掉管仲，但鲍叔牙劝说道：“如果君上只想让齐国强大，叔牙和高傒便可以帮您办到。如果君上想成就天下霸业，那么管仲不但杀不得，还应委以重任。”齐桓公听了，怕因为复仇之心错杀贤才，便假借雪恨之名把管仲接到齐国。在与管仲谈论称霸蓝图之后，他大喜过望，决定任用管仲为卿，并尊称他为“仲父”。管仲见齐桓公有如此胸怀，深受感动，决心全力辅佐他。

管仲像

在管仲的帮助下，齐桓公推行改革。他按土地肥瘠征税，节制力役的征发，禁止掠夺家畜。他还主张开发渔盐之利，铸货币，平物价，允许罪人用兵器或铜赎罪。此外，齐桓公重视人才选拔，以优秀者为士。经过改革，齐国的经济水平进步明显，军队的战斗力和国力大增，于是他走上了称霸之路。

称霸天下

齐桓公三十四年（前 652 年），周惠王崩，太子郑害怕王子带争位，不敢发丧，求助于齐。齐桓公召集诸侯，助太子继位，史称“周襄王”。次年，齐桓公在葵丘（今河南省民权县东北）与诸侯会盟，襄王不但派使者与会，还把祭祀用的肉赐给齐桓公。在春秋史上，葵丘之会意义重大，标志着齐桓公正式成为霸主。

齐桓公之后，春秋时代的其他四位霸主开启了“你方唱罢我登场”的激烈角逐。为了争夺更多的土地、人口和财富，诸侯不断发动兼并战争，严重冲击了西周以来以血缘关系为纽带的宗法制度。

013 孔子为什么被称为“万世师表”？

清代，康熙皇帝曾亲自为曲阜（今山东省曲阜市）孔庙题写匾额：“万世师表”，用来称颂“至圣”孔子。那么，孔子为什么获得了这么高的评价呢？

孔子其人

孔子（前551年—前479年），名丘，字仲尼，是儒家学派创始人。他出生于陬邑（今山东省曲阜市东南）。孔子的祖先是宋国贵族。少年时，他的家中贫困。面对逆境，他努力上进，立志求学，逐渐成为当时公认的知识渊博的人。

山东曲阜孔庙

政治主张

孔子生逢春秋晚期。那时，周王室衰微，诸侯并起，社会动荡不安。如何更好地治理天下是孔子苦苦思索的问题。在政治主张上，他的核心思想是“仁”。在治国方略上，他宣扬“为政以德”，主张用道德和礼教来治理国家，认为这样人民才会心悦诚服，社会才会稳定。他认为，“仁者爱人”，人要有爱心和同情心。那么，如何做到“爱人”呢？“入则孝，出则悌”，爱自己的父母、兄弟姐妹；“己欲立而立人，己欲达而达人”，就是要帮助他人，大家一起进步；“己所不欲，勿施于人”，自己不想要的，不要强加到别人身上。

教育思想

春秋时代，诸侯崇尚武力，所以孔子的政治理念没有市场，得不到诸侯的认可。但他没有就此消沉，而是设杏坛，收徒弟，授六艺。孔子的教育理念是“有教无类”，即人人都有受教育的权利。教师对学生应一视同仁，施以同等的教育，不因其贵贱贫富而有所区别。这一教育理念流传至今，对后世具有举足轻重的影响，孔子也被后世公认为“至圣先师”。

在教学中，孔子发现、总结了一系列学习方法。“三人行，必有我师”，这是教育我们要善于向他人学习；“温故而知新”教导我们要及时复习学过的知识，在这个过程中，能有新体会和新发现；孔子还认为，“知之者，不如好之者。好之者，不如乐之者”，爱好学习，以学习为乐趣的话，会有更大的进步。

总之，孔子不仅是大思想家，还是大教育家。从治学弘道到教书育人，孔子用他的思想为华夏大地盖上了文明的烙印，两千余年，未曾磨灭。

014 卧薪尝胆是一个怎样的故事?

卧薪尝胆是个大家都很熟悉的成语。那么，你知道它背后的故事吗?

阖闾之死

春秋时代，吴国和越国偏居东南，它们也有争霸中原的野心。吴王阖闾和越王允常各自励精图治，开展军事建设，努力发展经济，两国的势力逐渐强大，成为互相竞争的对象。

吴王阖闾五年（前510年），吴国进攻越国，越国战败。几年后，阖闾攻破楚都郢（今湖北省荆州市荆州区西北），越王允常得到消息，认为吴国空虚，便趁机发动袭击，败吴军。吴王阖闾十九年（前496年），越国新王勾践继位，阖闾趁机进攻越国，却兵败身亡。临终前，他派人回国，传令太子夫差继位。他对夫差的遗言是："你忘了勾践杀了你父亲吗?"

会稽之辱

吴王夫差二年（前494年），夫差发精兵攻打越国，大败越军，越王勾践退守会稽山（在浙江省中部绍兴市、嵊州市、诸暨市、东阳市之间）。当时，他手中只剩五千名甲兵。在生死存亡之际，勾践派大臣文种贿赂吴太宰伯嚭，请其劝吴王夫差不要消灭越国。后来，勾践果然免于亡国，却成为夫差的奴仆。此后，勾践在吴国度过了三年忍辱负重、卑躬屈膝的日子。在获得夫差的信任后，他获准回到越国。

勾践复仇

回国后，勾践睡在柴草上，又把苦胆吊在座席旁，坐着、躺着都会看着它，吃饭、喝水的时候都要尝尝它的苦味，并提醒自己：“你忘了会稽之辱吗？”他亲自耕田，他的饭桌上只有一盘肉菜，他不穿华丽的衣服，对宾客礼敬有加，能及时救济百姓，抚恤死伤。几年后，越国就发展起来了。

吴王夫差十四年（前 482 年），夫差北上，与诸侯会盟。此时，吴国国内空虚，勾践认为这是他一雪前耻的好机会，遂派兵进攻吴国，俘获吴国太子并攻入吴国都城。夫差闻讯后，派人向勾践求和，于是越国暂停了伐吴行动。吴王夫差十八年（前 478 年），越国再次伐吴。吴王夫差二十一年（前 475 年），勾践倾全国之力发动灭吴战争，吴越之间的最后一战爆发。越军一路势如破竹，包围吴国国都达三年之久，终于攻破吴国，而吴王夫差则用利剑结束了自己的生命。至此，吴越之间的战争以越国的胜利而告终。后来，勾践北上会盟诸侯，终成春秋时代的最后一位霸主。

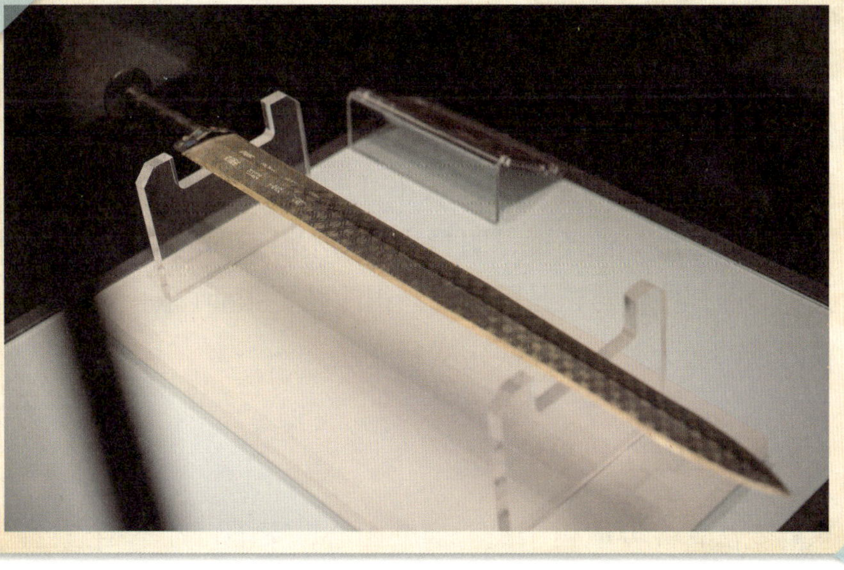

越王勾践剑

015 秦国是怎么崛起的？

战国时代，秦国地处中原之外，是“七雄”中的落后国家。然而，到了战国后期，秦国却一跃成为七雄中最富强者，并一举打败六国，统一天下。那么，秦国的国力为什么会发生这样巨大的变化呢？这要从著名的商鞅变法说起。

秦孝公决心变法

商鞅，战国政治家、法家代表人物。他本在魏国任职，因得不到魏王的重用，便来到秦国，向秦孝公讲述自己的强国之策，得到了对方的认可。

当时，在七国中，秦国国力弱小。而且，由于不在中原，秦国向来受到六国的鄙视。秦孝公三年（前 359 年），秦孝公为了实现富国强兵的愿望，打算在秦国推行变法，但他又担心变法会招致天下人的议论，所以犹豫不决。

一天，在朝会上，秦孝公与大臣们商议变法之事。甘龙、杜挚认为变法益处不大，遵循旧的礼法、制度才是治国的根本。商鞅表示反对，他认为治理国家没有一成不变的办法，只要有利于国家，不必坚守旧的法度。他还说，明君是因为不沿袭旧的法度，所以能统一天下，而那些昏君正是因为不懂得改弦更张而亡国。秦孝公听了商鞅的话，大为赞赏，便决定实行变法。

商鞅变法及其效果

想要变法，先要取信于民。商鞅担心，秦国百姓不相信自己，法令得不到贯彻。于是，他命人在国都雍城（今陕西省宝鸡市凤翔区南）集市的南门处竖起一根三丈高的木杆，并宣布：谁能把这根木杆搬到集市北门，就给他十镒黄金。百姓见了，都觉得不可思议。在当时，十镒黄金是一大笔钱。搬一根木杆就能得到这么多钱，是真的吗？所以，迟迟无人敢来尝试。商鞅见了，再次宣布：谁能把这根木杆搬到集市北门，就给他五十镒黄金。这时，有个人壮着胆子，把木杆搬到了集市北门，商鞅当即兑现了承诺。从此以后，大家对商鞅的话深信不疑。这就是著名的“立木为信”的故事。

当时，秦国盛行贵族世袭制，很多贵族的军功、爵位和俸禄可以世代相传。与之相反，奴隶、士兵处于社会底层，就算获得军功，也丝毫改变不了身份地位。为了实现强兵的目标，激发士兵的斗志，商鞅整改秦原有的爵制，参照各国制度，制定爵位等级，其后逐渐形成按照军功大小授予爵位的二十等爵制。这一制度把士兵的作战积极性调动了起来，极大地增强了秦军的战斗力。渐渐地，秦军成为战场上的常胜军。

此外，商鞅命人拆除了田埂地界，让人们重新认领土地，公平地向国家交纳赋税。他还奖励耕织：收获粮食、织出布匹多的人，可以免除徭役。为了促进经济发展，他颁布法定的度量衡器，统一度量衡制。

由于得到了国君的支持、人民的信任，商鞅的变法主张得以贯彻，秦国的军事、政治、经济逐渐发展，国力日渐雄厚。秦孝公二十四年（前 338 年），秦孝公去世，商鞅失去了靠山。不久，那些因变法而利益受损的秦国旧贵族联合起来，杀死了商鞅。虽然商鞅死了，但是他的新法却未被废除，一代代秦国国君和百姓一起，沿着商鞅开辟的道路继续前行，为后来秦国统一六国奠定了坚实的基础。

016 什么是合纵和连横？

战国时代，尽管七个诸侯国大小强弱不同，但没有一个国家能单独对抗其余六国。因此，联络友邦、共同对付敌国是明智之举，也是必然的选择。于是，一个新的群体应运而生——纵横家。

公孙衍和张仪

纵横即“合纵”“连横”。“合纵”即弱国联合起来进攻强国，以防止强国的兼并。“连横”是弱国跟随强国去进攻其他弱国，以达到兼并土地的目的。纵横家，就是通过游说各国参与合纵、连横，来吞并或削弱别国的谋士。当时，比较有名的纵横家有公孙衍、张仪等人。

五国合纵伐秦

秦国自商鞅变法以来，国力逐渐增强，并不断进攻其余六国。为了抵御秦国的攻势，魏襄王元年（前 318 年），魏国大臣公孙衍主导了合纵攻秦，参加的国家有魏、赵、韩、燕、楚五国，楚怀王为纵长。然而，五个合纵国并不是一条心，所以步调不一致。五国联军虽然到了函谷关（今河南省灵宝市东北），实际与秦交战的却只有魏、赵、韩三国。次年，秦派庶长樗里疾率兵与魏、赵、韩在修鱼（今河南省原阳县西南）作战，把联军打得大败。“五国合纵伐秦”遭到失败，但秦国却在西线受到游牧部族义渠的袭击。原来，在五国攻秦前，公孙衍对义渠君说：“如果秦和中原诸侯不打仗，一定会焚烧、抢掠您的国家。”后来，五国伐秦，义渠君也随之起兵攻秦，并大败秦军。

楚怀王上当

与公孙衍不同，秦相张仪一直主张“连横”，即秦国联合韩、魏两国，对付齐楚联盟。秦惠文王时，秦国想要夺取楚国的汉中地区（今陕西省秦岭以南，留坝县、勉县以东，乾佑河流域以西和湖北省十堰市郧阳区、襄阳市保康县以西，粉青河、珍珠岭以北）。为了实现这一目标，消除东线可能受到的军事威胁，秦国必须想办法拆散齐楚联盟。于是，张仪被派去游说楚怀王。

楚怀王盛情接待了这位声名显赫的秦相，问道：“您来到我们国家，有什么指教吗？”张仪答道：“秦王一直以来都很尊敬您，但十分讨厌齐王。现在，秦王想要讨伐齐国，却怕您会不高兴。因此，秦王想知道您能否与齐国断交？如果楚国不再同齐国往来，我愿请秦王把秦国商（今陕西省丹凤县西北）、於（今河南省西峡县）一带的六百里土地献给您。”楚怀王一听，大喜过望，便与齐国解除盟约，并派将军去接收商、於之地。可此时张仪却开始耍赖，不承认要献给楚王六百里地，只愿给六里。这可把楚怀王气坏了，他立刻发动大军进攻商、於之地。谁知，楚国在战场上一败涂地，不仅没抢来商、於之地，还被秦国夺去了汉中。

战国形势发生的变化

此后，随着形势的变化，秦国灵活施展合纵、连横之术。时间久了，秦国兼并的土地越来越多。秦王政九年（前238年），秦国的东郡东北与燕国接壤，东与齐国接境，北面包围赵国，南面包围韩、魏两国，从而使得东方六国相互间来往中断，不敢再发动合纵攻秦。秦完成统一大业已经是大势所趋。

017 长平之战为什么被称为“纸上谈兵的悲剧”？

“纸上谈兵”是大家熟悉的成语。你知道它背后的故事吗？这个故事对战国历史进程产生了怎样的重大影响呢？

冯亭献地

战国时代，各国争相以变法、改革为途径，增强国力。通过商鞅变法，秦国成为战国七雄中实力雄厚的一方。在赵武灵王“胡服骑射”的军事改革之后，位于秦国东方的赵国军力强盛，成为可以与秦抗衡的国家。秦昭王三十七年（前270年），秦国曾攻打赵国，却被赵将赵奢击败。秦昭王四十一年（前266年），魏人范雎任秦相，他向秦昭王提出“远交近攻”的策略，即主张将靠近秦国的韩、魏、赵作为秦国兼并的主要目标，同时与齐国等距离较远的国家保持良好关系。后来，秦国攻打韩国，韩桓惠王十分惊恐，派人到秦国，请求献出上党郡（郡治在今山西省长治市北）的土地，以求秦国息兵。而上党郡的郡守冯亭却不愿降秦，他把上党郡的十七个县献给了赵国。见冯亭献地，赵孝成王欣然接受。秦昭王闻讯大怒，决定出兵攻赵，引发了长平之战。

秦人的流言

赵国派老将廉颇迎战。战争初期，赵军小败了几场。廉颇见状，认为秦军劳师远征，补给线漫长，所以利在速战。与之相反，赵军补给近便，所以打消耗战是最好的策略。于是，他率军筑牢壁垒，并不迎战。秦、赵两军在长平相持了三年，不分胜负。面对僵局，范雎派人到赵国散布流言：“廉颇很容易对付，秦国最害怕的是赵奢的儿子赵括。”受家庭熏陶，赵括从小就熟读兵法，与父亲谈论军事时头头是道。然而，赵奢并不赞赏他，赵括的母亲觉得奇怪，就问赵奢其中的缘故。赵奢说：“战争是关乎生死存亡的大事，赵括却把它说得很简单。赵国不用赵括为将还好，如果用他为将，必使赵军遭受危难。”

秦人的流言很快传到赵王耳朵里。在长平前线，廉颇败后畏战，早已引起赵王的不满。加之流言的影响，他要把廉颇调回，换赵括为主将。虽然老臣蔺相如与赵括的母亲前来劝阻，但赵王却不为所动，坚持成命。赵括一到前线，马上改变廉颇的作战方针，要主动出兵，进攻秦军。秦昭王得知赵王上当，便秘密派名将白起到达前线，担任主将。

赵军大败

这天，赵括带兵杀向秦军。秦军佯装败退，引诱赵军至秦军营垒。赵军追击时，白起命令秦军左右两队步兵迂回到赵军后方，截断其后路，又将赵军主力一分为二。赵军被秦军围困，断粮四十六天，大量赵军饿死。见迟迟等不来援军，赵括亲率精锐部队强行突围。最终，赵括被秦军乱箭射死。见主将丧命，赵军士兵纷纷向秦军投降。随后，白起命令秦军将赵军四十多万人活埋，长平之战以秦国获胜而告终。

长平之战是战国时代从未有过的大战。通过这场战争，秦国从根本上削弱了当时关东六国中最为强劲的对手赵国，也令其他五国受到极大的震慑。从此之后，秦统一天下的趋势已不可逆转。

018 都江堰水利工程是如何建成的？

今天，成都平原上有一项伟大的水利工程——都江堰。让我们一起来探寻都江堰的来历吧！

成都平原的周边环境

战国时代，每年夏秋岷江都会泛滥成灾，使得成都平原变为泽国，真是害苦了老百姓。你不妨猜猜，这条江为什么会如此恼人呢？

首先，让我们从高空俯瞰，你会发现成都平原像一柄摊开的折扇，向东南方倾斜。岷江发源于四川省北部的岷山，这里山高谷深，水源充沛，每到雨季，江水就会浩浩荡荡地从西北山区闯入成都平原。此外，岷江的出山口玉垒山的海拔为700多米，而下游的成都平原的海拔为600米左右，这么大的落差更加助长了水势的汹涌。古时人烟稀少，没有堤防，古代人民经常被迫与岷江洪水做斗争。

李冰修筑都江堰

后来，秦人李冰来到蜀郡（治所在今四川省成都市），担任郡守。经过一系列实地考察，他发现玉垒山是岷江的咽喉地带。扼住了岷江的咽喉，就掌握了治水的主动权。于是，他决定凿穿玉垒山。当时，还没有炸药，李冰便带领当地民众以火烧石，再趁热在山石上浇冷水，利用热胀冷缩的原理使岩石崩裂，最终使部分山体离开了玉垒山，这部分山体名“离堆”。而离堆与玉垒山之间的排水口因形状酷似瓶口，所以名为“宝瓶口”。宝瓶口既可以引水，为下游提供用水，又可以限制过量的水进入灌区，真是一举两得！

宝瓶口竣工后，其上端地势较高，江水流入宝瓶口的效果不理想。于是，李冰又带人修筑了“鱼嘴”和“飞沙堰”。由此，岷江被分为了内江和外江。

所谓“鱼嘴”，其实是一条分水堤。鱼嘴位于岷江江心处，形如弯弓，前端扁平入水，就像鱼的嘴巴，因此得名“鱼嘴”。鱼嘴巧妙地分流引水、排沙，自动调节内外两江的水量。枯水季节，水流较缓，内江分流多。丰水季节，水流较急，外江分流多，起到泄洪的作用。根据弯道环流原理，表层水流向凹岸进入内江，底层水流向凸岸进入外江，这样就可以把大部分泥沙排向外江。

飞沙堰是溢洪道，位于内江下游约1000米处，其主要功能是二次分水、二次排沙。因堰底高于河床，枯水季节，江水漫不过飞沙堰，直接注入宝瓶口。丰水季节，多余江水漫过飞沙堰，起到了泄洪作用。此外，鱼嘴分水后，仍有部分泥沙进入内江，这就需要飞沙堰二次排沙。这样一来，进入宝瓶口的泥沙变得很少，解决了江道淤塞的问题。

都江堰的历史地位

经过多年的努力，李冰带领当地百姓，克服重重困难，终于修成了伟大的水利枢纽——都江堰。它科学地处理了宝瓶口、鱼嘴、飞沙堰三项主体工程的关系，使其功能互补，配合巧妙，浑然一体，有效解决了水患。从此，成都平原成为人人称羡的“天府之国”。

今天，都江堰水利工程还在发挥作用。它是先辈的不朽杰作，也是古代水利工程“古为今用”的奇观。

019 春秋战国时代，人们使用的是什么样的兵器？

在春秋战国，天下战争不断。当时的人用的是什么样的兵器呢？这些兵器经历了怎样的发展历程呢？

冷兵器的发展

唐代陆广微的《吴地记》记载，春秋时代，吴王阖闾派干将铸剑，却总是不成功。其妻莫邪以身祭炉，终于成功铸得雌、雄两支宝剑，雌剑名为“莫邪”，雄剑就叫“干将”。这个故事充分说明，春秋时代，冷兵器制造已经得到诸侯的重视。

所谓“冷兵器”，指不带有炸药或其他燃烧爆炸物质，主要依靠人力、畜力、机械力的作用进行作战的兵器。那么，冷兵器是怎样出现的呢？

在原始社会，部落之间有时会发生战争。战斗时，人们多使用棍棒、石头、兽骨等。这个时代，兵器还未完全从生产工具中分化出来。渐渐地，中国的兵器完全从生产工具中分化出来，成为一个单独的器物门类。

1965 年，湖北省的江陵楚墓中出土了一把青铜剑，名曰“越王勾践剑”。它长 55.6 厘米，宽 5 厘米，剑格的正面、背面分别镶嵌着蓝色琉璃和绿松石，其体现的工艺水平与现代机床相比，也毫不逊色。1983 年，同样是在湖北江陵，出土了一件吴王夫差自用青铜矛，其全长 29.5 厘米，矛体饰有菱形几何暗纹。

越王勾践剑和吴王夫差矛的出土，似乎让我们来到了那个金戈铁马的春秋时代。这两件冷兵器都充分体现了春秋工艺的顶端水平，它们将实用性与艺术性完美结合，深刻体现了古人的智慧与创造力。

吴王夫差矛

中国古人对冶炼技术的探索没有止境。1957年，甘肃省出土了一把青铜柄铁剑。此剑剑柄由青铜铸成，剑叶为铁质，残长9厘米，宽3厘米，焊接于铜镡之上。它向我们证明，至迟在春秋早期，古人已经掌握了冶炼生铁的技术，铁器时代来临了！相比青铜剑，铁剑更加锋利，韧性更强，不易折断，寿命更长，也更有利于作战。

从兵器到农具

在战争中，铁器帮助士兵提高战斗力。在日常生活中，铁器则改善了百姓的生活质量。铁元素在地壳中的含量远超铜元素，再加上冶炼技术的进步，为铁器的大规模生产提供了物质基础和工艺保障。如果说铁制冷兵器是毁灭的象征，那么铁制农具则是创造的象征。到了战国中期，铁农具已取代木、石农具而取得主导地位。铁器的广泛使用和牛耕的推广，使荒地开垦变得更为便利。“私田”不断出现，与之相对的是“公田”的没落、井田制度逐步瓦解。

020 春秋战国对当今的中国有什么影响？

今天的山东省，又被称为“齐鲁大地”“孔孟之乡”，这两个名称源于春秋战国时代。那么，除此之外，春秋战国对当今的中国有哪些影响呢？

关于中华民族精神的塑造

春秋战国时代，圣哲先贤运用他们的智慧，对社会现实、个人修养、人际关系、人与自然的关系等众多问题提供了解决方案。他们的思想不仅成为中华优秀传统文化的重要组成部分，更是在塑造中华民族的民族精神方面发挥了重要的作用。儒家的“己所不欲，勿施于人”“养浩然之气”让我们明白，每个人都应该固守正确的行为规范，养成良好的道德素养；道家的“天地与我并生，而万物与我为一”说明了，我们应该树立万物和谐的生态观念，认识共建地球生命共同体的紧迫性；墨家说，“天下兼相爱则治，交相恶则乱”，这让我们懂得，社会的和谐离不开我们每个人的参与和维护。穿越千年的历史长河，诸子百家的思想仍然散发着智慧的光芒。我们不仅通过诵读经典来传承他们的智慧，更在个人成长中践行这些思想。它们是中华民族宝贵的精神财富。

中华民族多元一体观念的形成

春秋时代出现了“华夏”的观念，这一观念指的是中原地区的汉族先民，与之对应的是边疆地区的狄、戎、蛮、夷等少数民族。随着周王室日益衰落，边疆的少数民族纷纷进入中原地区。

此后，华夏民族与少数民族在生产、生活方式上越来越接近，这说明今天的中华民族在春秋战国时代已经开始形成。我们有责任和义务维护国家统一，促进民族团结。

用自然规律指导农业生产

古代的劳动人民勤劳勇敢，富有智慧。在长期的生产实践中，人们发现，农作物耕种需要根据太阳运行情况进行，而节气能较好地反映太阳运行的周期。智慧的劳动人民把不同的农耕活动安排在不同的节气中进行："立春天渐暖，雨水送肥忙""到了惊蛰节，锄头不停歇"。

其他

今天，我们生活的很多方面，仍然可见春秋战国的影子。春秋时代，有巧匠鲁班，他发明了多种木工工具，成为建筑行业的祖师爷；战国时代，名医扁鹊总结了诊断疾病的望、闻、问、切四诊法，这一方法至今仍是中医行业的行业标准；战国时代，人们根据磁石的特性发明了"司南"，这是我们今天使用的指南针的前身。

春秋战国时代距离现在已经很遥远了。但是，当历史照进现实，我们会发现，历史从未远去，它拥有持久的生命力，潜移默化地影响着我们每个人……

021 如何评价秦始皇的功过？

秦始皇是家喻户晓的历史人物。那么，秦始皇有哪些功业和过失呢？如何评价他的功过呢？

秦的统一和皇帝制度的建立

前 247 年，十三岁的嬴政继承王位，为秦王。至前 221 年，嬴政先后灭掉韩、魏、楚、燕、赵、齐六国，完成了统一大业，建立了中国历史上第一个中央集权的封建王朝。

战争的硝烟渐渐散去，秦王嬴政认为自己是统一天下第一人，继续沿用王的称号无法彰显自己的丰功伟绩。大臣们提议，嬴政称“泰皇”。他从中取了“皇”字，又取了五帝中的“帝”字，立号为“皇帝”。“皇帝”从此成为中国历代封建君主的专有称号，直到清朝灭亡，才退出历史舞台。

中央和地方的管理模式

秦始皇先在中央组建了“领导班子”，推行三公九卿制，众公卿由皇帝任免，对皇帝绝对效忠。在地方治理上，秦始皇采纳了廷尉李斯的建议，吸取了春秋战国时期实行分封制导致诸侯割据的教训，在全国推行郡县制，实现了中央对地方的垂直管理，加强了中央集权，并为后世地方治理提供了基本模式。

“书同文”“车同轨”

秦朝建立之初，全国尚未统一文字。秦始皇下令实行“书同文”，规定以秦小篆为统一书体。后来，在中国大地上，虽然多次出现割据局面，但是文字始终是统一的。文字的统一，促进了各地区的经济文化交流，有利于形成中华民族的民族认同感，成为中华文明传承不息的重要条件。

战国时代，各国为了防范他国战车的进攻，各自建设了宽窄不同的车道。秦朝建立后，秦始皇下令实行“车同轨”，规定车轨距离为六尺。此外，他还下令修建了从都城咸阳（今陕西省咸阳市东北）通往四面八方的驰道。驰道修好后，若地方有叛乱，秦军可以通过驰道迅速抵达目的地，平息叛乱。同时，驰道还方便了各地间的经济文化交流，进一步加强了中央政府对全国的控制。

货币、度量衡的统一

除了“书同文”“车同轨”，秦始皇还有两项伟大的举措，那就是统一货币、度量衡。战国时期，各国流通的货币在形状、重量和币值上都不一样。天下统一之后，这种情况阻碍了经济发展。因此，秦始皇下令在全国范围内推行半两重的方孔圆钱。除统一货币外，秦始皇还统一了度量衡。货币和度量衡的统一，对巩固封建国家的统一和推动经济文化发展起到了积极作用。

秦始皇的暴政

秦始皇以过人的才智完成统一大业，开创了一个自古未有的局面，对后世影响深远。但由于他实行专制主义，横征暴敛，加上连年用兵，导致民怨沸腾，秦帝国只经历了十五个春秋便轰然倒塌。

022 阿房宫的历史真相是怎样的?

“六王毕，四海一。蜀山兀，阿房出。……戍卒叫，函谷举，楚人一炬，可怜焦土！……”通过唐代杜牧的名篇《阿房宫赋》，我们知道了著名的宫殿阿房宫，也知道它被项羽率领的楚兵一把火烧成了焦土。但是，有人声称，项羽烧的并不是阿房宫，我们都被杜牧骗了。那么，有关阿房宫的历史真相究竟如何呢?

《史记》中的阿房宫

司马迁在《史记》中说，秦始皇三十五年（前212年），始皇认为咸阳（今陕西省咸阳市东北）人口众多，而先王留下的宫廷太小，于是在渭水（今渭河）以南的上林苑中兴建宫殿。当时，秦始皇先命人建“前殿阿房”，其东西长五百步，南北宽五十丈，“前殿阿房”之上可以坐一万人，其下可以竖起五丈高的旗杆。由

项羽雕塑

于先期工程的所在地是阿房，所以当时的人就将未来竣工后的全部建筑统称为“阿房宫”。司马迁生活的年代距离阿房宫的建设年代不远，因此其记载的可信度较高。

在秦代，一步相当于今天的 1.5 米，一丈可以折合成 2.33 米。由此可知，“前殿阿房”的东西长 750 米，南北长 116.5 米。根据《史记》的记载，“前殿阿房”只是阿房宫的一部分，可见阿房宫占地面积之广、工程量之大。

“阿房宫”并非这座庞大建筑群的正式名称。秦始皇本打算在其竣工后为它取一个美好的名字。然而，到了秦始皇三十七年（前 210 年），他在东巡途中驾崩。当时，阿房宫的建设工程被迫停了下来，秦始皇的继任者秦二世胡亥转而集中人力、物力，营建秦始皇的骊山陵。骊山陵竣工后，为实现先帝的愿望，秦二世又启动了阿房宫工程。不过，直至秦帝国灭亡，这一工程还远远没有完工。

考古发现

经过数十年的考古实践，阿房宫遗址的范围得到确认——它位于龙首塬向西南延伸的台地上，占地约 15 平方千米。其建筑遗址密集区，主要在今陕西省西安市三桥镇以南。在这一区域内，至今保留下来的地面夯土基址有二十余处，其中阿房宫前殿遗址最大。

《史记》记载，项羽曾“西屠咸阳，……烧秦宫室”，虽然司马迁没有说项羽烧的就是正在建设中的阿房宫，但阿房宫就在咸阳，覆巢之下，岂有完卵？而且，考古人员在遗址现场发现了少量红烧土，也说明当地发生过火情。所以，在没有确切证据的情况下，不应贸然推翻项羽火烧阿房宫的说法。

023 刘邦是如何建立汉朝的？

汉高祖刘邦的一生充满传奇色彩：从因龙而生到斩蛇，从发动起义到打败项羽，最终成为大汉帝国的开国皇帝。

从出生到早年

战国末年，在沛县（今属江苏省丰县）某湖的湖边，发生了一件奇怪的事情。一天，有位女子在湖边休息，然后就睡着了。突然电闪雷鸣，天昏地暗。当女子的丈夫前去寻找她时，看见一条龙盘桓在她的身上。回家之后，这位女子就有了身孕，后来她生下了一个男孩，这个男孩就是刘邦。

年少时，刘邦不务正业，好吃懒做，父亲骂他“无赖”。长大后，刘邦当了泗水（今江苏省沛县东）亭长。他性格豪爽，豁达大度，结识了很多朋友，其中不少人成为他的创业集团的骨干。

从斩蛇到起义

后来，刘邦到咸阳（今陕西省咸阳市东北）服劳役。一天，恰好遇上秦始皇出巡，他羡慕地说：“大丈夫就应该是这样的啊！”刘邦因亭长的职责，奉命押送一些役徒去骊山（在今陕西省西安市临潼区东南）服役，而役徒多在半路上逃走。刘邦心想，照这样下去，到了骊山时，这些役徒就都跑光了。因此，走到丰邑（今属江苏省丰县）西边的沼泽时，他便停下来喝酒。入夜后，他解开役徒的绳索，放他们走。其中，有十几位壮士愿意跟着他逃亡。刘邦带着醉意，在逃亡的路上用宝剑斩了一条挡住他们去路的蛇。他又前行数里，因酒性发作，便躺下睡觉。酒醒后，身边的人对他说，一位老婆婆刚才在刘邦斩蛇处哭着说自己的儿子是白帝的儿子，被赤帝的儿子杀了，说完就消失不见了。刘邦听后，心中暗喜。那些跟随他的人对他越发敬畏了。

陈胜、吴广起义后，刘邦鼓动百姓杀掉了家乡的县令，领着民众举起反秦大旗。不久,刘邦投奔了原楚国贵族项梁的军队。陈胜、吴广失败后，项梁立楚怀王之孙熊心为王，仍称“楚怀王”。后来，赵军在巨鹿（今河北省平乡县西南）被围，楚怀王派宋义、项羽率领军队去解救赵军，派刘邦率领另一支军队攻打咸阳。刘邦经过一番征战，来到霸上（今陕西省西安市东）。秦王子婴乘白马素车，用丝绳系着脖颈，捧着封好的皇帝玉玺和符节，向刘邦投降。

从“约法三章”到打败项羽

进入咸阳后，刘邦想留在皇宫中。张良、樊哙出面劝阻，刘邦才退回霸上。为了赢得民心，刘邦召集父老，和他们“约法三章”，咸阳的老百姓为此欢呼雀跃。此时，项羽已在巨鹿之战中打败秦军，便率兵直奔关中，并设下“鸿门宴”，准备杀掉刘邦，却未得逞，这给了刘邦打败他的机会。项羽占领咸阳之后，大封诸侯，刘邦被他别有用心地封到巴蜀。那个时候，巴蜀是流放犯人的地方。项羽还是不放心，便把三个秦朝的降将封在关中，令其监视刘邦。

面对挫折，刘邦并未沉沦。他听取张良的建议，烧掉了连接汉中和关中的栈道。这么做，一是为了防止他人从背后袭击，二是给项羽吃一颗定心丸，表明自己没有东还的意图。不久，刘邦“明修栈道，暗度陈仓”，突袭关中，迅速平定三秦。就这样，富饶的关中地区被刘邦全部占领了。他以关中为根据地，最终打败了项羽，结束了秦末诸侯割据的局面，建立了汉朝。

024 什么是“罢黜百家，独尊儒术”？

“罢黜百家，独尊儒术”是汉代政治史和中国政治思想史上的重要事件。以此为标志，儒学开始在中国文化中居于统治地位。

背景

秦代专任法治，严刑重法，引发陈胜、吴广起义。汉兴，人心思静，黄老道家的无为而治思想一时成为时代的主流观念。当时，朝廷宽律弛禁，轻徭薄赋，与民休息，社会生产得到恢复，出现了文景之治的繁荣。同时，由于中央专制皇权和地方王国势力的矛盾日益激化，发生了“七国之乱”。汉武帝即位，便着手强化专制主义中央集权，讨伐匈奴，力求有所作为。儒家的大一统思想及三纲五常观念迎合了时代需要。于是，在思想领域，儒家取代黄老道家，登上了历史舞台。

过程

建元元年（前 140 年），丞相卫绾奏：“所举贤良，或治申、商、韩非、苏秦、张仪之言，乱国政，请皆罢。”建元五年（前 136 年），武帝置五经博士。窦太后好黄老言，儒学

汉武帝浮雕

复兴未有成果。建元六年（前 135 年），窦太后卒。

元光元年（前 134 年），武帝召集各地贤良方正文学之士到长安（在今陕西省西安市西北），亲自策问。董仲舒上《天人三策》，指出春秋大一统是“天地之常经，古今之通谊”，现在师异道，人异论，百家之言宗旨各不相同，法制数变，无所适从。他建议：“诸不在六艺之科、孔子之术者，皆绝其道，勿使并进。”董仲舒的建议适应大一统的思想统治政策，很受武帝赏识。田蚡为相，罢黜不治儒家五经的太常博士，将黄老刑名百家之言排斥于官学之外，又优礼延揽儒生数百人，从而确立了儒学和儒家经典的权威地位。《汉书·董仲舒传》称：“推明孔氏，抑黜百家。”于是，“儒术”成为汉代官学，儒学得到复兴并走向制度化发展阶段。后世将这一政策概括为“罢黜百家，独尊儒术”。

董仲舒像

影响

“罢黜百家，独尊儒术”政策，适应了汉武帝时期的政治需要，改变了秦时“以法为教，以吏为师”的风气，形成了“以经为教，以儒为师”的新局面，开创了礼乐教化的新阶段，奠定了中国古代政治文化的基本格局。

025 党锢之祸是怎么回事?

东汉中晚期，宦官、外戚交替专权。官僚士大夫联合外戚，企图消灭宦官集团，最终酿成了党锢之祸。

历史背景

东汉后期，在官僚士大夫中盛行一种褒贬人物、左右舆论的风气，即“清议”。这种风气传到太学，诸生以郭泰、贾彪为首，与大臣陈蕃、李膺、王畅等人互相推崇。其中，李膺名望最高，士人得到他的赏识，被誉为“登龙门”。太学诸生与这些官僚臧否人物，进而抨击时政。他们把“国命委于阉寺”看成是朝政日益腐败的主要根源。这种“清议”与外戚反对宦官的政治斗争结合起来，对把持朝政的宦官集团形成严重的威胁。于是，宦官集团伺机反击，党锢之祸便是在这种历史背景下发生的。

郭泰像

第一次党锢之祸

延熹九年（166 年），李膺捕杀交通宦官、教子杀人的方士张成。宦官唆使张成的弟子诬告李膺等人蓄养太学游士、交结诸郡生徒，“共为部党，诽讪朝廷”。于是，桓帝通令郡国逮捕“党人”。李膺、杜密、陈翔、陈寔、范滂等200余人被收执。次年，桓帝又下诏将“党人”赦归田里，禁锢终身，不得做官。这一事件引起了士大夫阶层的公愤。他们互相标榜，称窦武、陈蕃、刘淑为三君，李膺、杜密等8人为八俊，郭泰、范滂等8人为八顾，张俭、翟超等8人为八及，度尚、张邈等8人为八厨。官僚士大夫集团与把持朝政的宦官集团之间的斗争更趋激烈。

李膺像

第二次党锢之祸

灵帝即位后，外戚窦武执政。他起用“党人”，并与太傅陈蕃合谋诛灭宦官。然而，事机泄露，窦武自杀，陈蕃被杀。建宁二年（169年），灵帝在宦官侯览、曹节的挟持下，收捕李膺、杜密等百余人下狱处死，并陆续杀死、流徙、囚禁六七百人。熹平五年（176年），灵帝再次下令，凡“党人”的门生故吏、父子兄弟，都免官禁锢，并连及五族。中平元年（184年），黄巾起义爆发后，灵帝下诏赦免“党人”，党锢才告结束。

026 汉画像石是什么？

在汉代，为了装饰墓室、墓前祠堂、石阙等墓葬建筑，人们创作了石刻画，这种艺术也被称为“汉画像石”。

汉画像石的分布与分类

汉画像石产生于西汉，盛于东汉，主要分布在今山东、河南、江苏、陕西、山西、四川等省，另有少量汉画像石位于今湖北、浙江、安徽、北京、天津等省市。按照内容，汉画像石主要可以分为五类：

一、生产劳动。主要内容有农耕、收获、放牧、采桑、纺

汉画像石

织等；

二、墓主人的社会地位、日常生活等。画面包括车骑出行、宴饮、乐舞、百戏、庖厨等；

三、历史故事和历史人物。前者主要有周公辅成王、荆轲刺秦王、二桃杀三士等，后者多为孔子及其弟子、烈女、孝子等；

四、神话传说。这类作品主要表现西王母、后羿等远古神话人物的故事；

五、植物花纹等图案。这类内容主要是画像石的边饰，也有单独的画面。

汉画像石的功能和位置

画像石是汉代厚葬习俗的产物。古人希望，人死后灵魂可以升天，这赋予墓室以象征意义，即墓室是墓主生前环境的缩影。在两汉时代，这种功利的目的不仅导致画像石在墓中的数量渐多，而且规定了画像石的功能。

画像石在墓中的分布一般为：墓门通常带有朱雀、龙、虎的铺首衔环，或是文武门吏；中心位置的前室或主室壁上、横楣上是阙、车骑、宴饮、乐舞；后室或侧室壁上是庖厨等；后壁上方是西王母，室顶是天象图；祥瑞与图案则穿插于壁面、立柱与室顶上。

在以祭祀为主要用途的地面祠堂中，画像石因题材不同分处各壁，历史人物与孝子烈女故事居壁面的中间位置，神话故事在三角楣上，构成适于观看的形象层次。石阙上的画像石主要起装饰作用，龙虎衔璧为主要内容，车骑及其他祥瑞镶嵌于阙基和檐额等处。不过，相当数量的画像石在分布上没有规律，某些地区的画像石还自有特点。

027 赤壁之战具有怎样的历史意义？

在三国史上，赤壁之战意义重大，对后来的历史进程产生了深远的影响。

曹军南下破刘

建安十三年（208 年），曹操亲率大军进攻荆州（约相当于今湖北、湖南两省及河南、贵州、广东、广西的一部分）。当时，荆州牧刘琮不战而降。驻守樊城（今湖北省襄阳市樊城区）的刘备为避曹军锐气，与谋士诸葛亮率领部众向江陵（治今湖北省荆州市江陵故城）方向撤退，并令大将关羽领万余水兵顺汉水（今汉江）、溯江水（今长江）会师。曹操得知消息后，率五千精锐骑兵，昼夜行军三百多里，在当阳长坂（今湖北省当阳市东北）击溃刘备军队。刘备率残部逃脱，恰与关羽会合，江夏太守刘琦也领万余人接应刘备。刘备顺汉水，退居夏口（汉江下游注入长江处），并派诸葛亮去柴桑（治今江西省九江市西南）见孙权，准备联合孙权抗击曹军。

孙刘联合，大胜曹军

诸葛亮到达柴桑后，与孙权的重臣鲁肃、周瑜一同为孙权分析形势，指出了曹军的弱点：后方不安、远道劳师、水土不服、短于水战，促使孙权决心抗曹。

曹操想快点儿打败孙权和刘备，就派一支水军过江试探，结果一交战就被打败了。他只好率军退到江北的乌林（今湖北省洪湖市东北长江北岸的乌林镇），与孙刘联军隔江对峙。

曹操下令，将战船相连，减弱了风浪颠簸，利于北方士兵作战。周瑜鉴于敌众我寡，若长期相持，于己不利，决意寻机速战。

周瑜的部将黄盖说：“曹军的战船首尾相连，我们可用火攻之计。”周瑜表示赞许。于是，黄盖先向曹操送去一封书信，假意投降。然后，他带船数十艘出发，前面十艘满载浸油的干柴草，以布遮掩，插上与曹操约定的旗号，顺东南风驶向乌林。黄盖接近对岸时，曹操和他手下的官吏皆站在岸边等着黄盖前来，戒备较松懈。此时，黄盖命人点燃柴草，火船乘风闯入曹军船阵，顿时一片火海，火势迅速延及岸边营屯。孙刘联军趁势攻击，曹军死伤无数。曹操见败局已定，率领残兵退回北方去了。

赤壁之战，孙刘联军大获全胜。经此一战，三分天下的格局初步形成。

三国鼎立形势图（262年）

028 谁是“草船借箭”的主角?

“草船借箭”是《三国演义》中非常精彩的篇章，被誉为“神来之笔”。故事中的诸葛亮是智慧的化身，令人倾倒。那么，历史上的诸葛亮是否真的曾经“草船借箭”呢?

“以船受箭”的孙权

三国时期，的确有以船受箭的事情发生。不过，这一事件的主人公不是诸葛亮，而是孙权。据《三国志·吴书·吴主权传》，建安十八年（213年），孙权与曹操在濡须（今运漕河前身）对峙。孙权为了探察曹操水军的部署，冒险乘大船察看曹军水寨。面对敌人，曹营箭如雨下，落在孙权的船上。面向曹营的船身一侧，因落箭太多而倾斜，随时可能倾覆。孙权急中生智，下令调转船身，让船的另一侧受箭。不一会儿，船只恢复了平衡，并安全返回。就这样，孙权靠智慧安然脱险，还意外获得曹军“赠送”的大量羽箭。由此可见，“以船受箭”是孙权处于危难中的应急措施，并非主动地向敌军“借箭”。

更为精彩的“草人借箭”

唐安史之乱中，叛军包围雍丘（今河南省杞县）。守军与外界完全隔绝，羽箭用完了也没办法补充。就在这时，守将张巡心生一计。他命人用稻草扎成一千多个草人，还给草人穿上黑衣服。入夜后，守军用绳子绑着千余草人，沿着城墙缒下。叛军发现有动静，以为张巡派敢死队出城袭击，便射箭拒止。过了很久，叛

诸葛亮像

军才发现“黑衣人”是草人。这时，守军将扎满了箭的草人拉入城中。经过清点，守军得到羽箭数十万支。

此后的一天晚上，叛军又发现守军在城头上缒下一些黑衣人。他们以为张巡故伎重施，不仅不攻击，反倒大声嘲笑起来。谁知这些“草人”落地后，竟然变成了活人，并以迅雷不及掩耳之势冲杀过来。全无防备的叛军被杀得大败，他们四散奔逃，溃不成军。

原来，张巡在以草人“借箭”数十万之后，充分利用敌人的麻痹心理，缒五百死士下城，击破了叛军。

“草船借箭”

罗贯中受孙权“以船受箭”的启发，结合张巡“草人借箭”的史实，写成了“草船借箭”。诸葛亮忠贞的品性，过人的智慧，鞠躬尽瘁、死而后已的精神一直受到后人的崇拜，于是有了诸葛亮“草船借箭”的故事。

029 司马昭之心是什么意思？

“司马昭之心，路人皆知”是大家熟悉的成语，它的意思是说一个人的野心非常明显，为人所共知。那么，司马昭到底做了哪些事，让他的野心路人皆知呢？

司马氏的崛起

司马昭的父亲是司马懿。司马懿，字仲达，河内温县（今河南省温县西南）人，是三国时期著名的政治家、军事家。他出身于世家大族，初为曹操主簿。曹操受封魏王，曹丕为魏王太子，司马懿改任魏王太子中庶子。他参与国家大政，常有奇策异谋，为曹丕信重。

司马懿像

曹丕死后，魏明帝曹叡立，司马懿受遗诏，与曹真、陈群一起辅政。这一时期，他最为显著的功绩是率大军成功对抗诸葛亮北伐和平定辽东（泛指辽河以东地区）。

景初三年（239 年），曹叡去世，司马懿和曹魏权臣曹爽同受遗诏，辅佐年幼的齐王曹芳。曹爽排挤司马懿，夺取了后者的权力。对此，司马懿并不甘心，他假意称病，不参与朝政，却在暗中布置力量，密谋夺权。嘉平元年（249年），曹芳和曹爽到洛阳（今河南省洛阳市白马寺东洛水北岸）城外高平陵祭祀曹叡，司马懿趁此机会，突然发动政变，又诳诱曹爽一党放弃抵抗，束手归洛阳。曹爽轻信司马懿，回城后被诬为谋反，不久其势力完全覆灭。

从此，曹魏政权落到司马氏手中。司马懿死后，其长子司马师继掌大权。他废掉曹芳，另立曹髦为帝。不久，司马师得了重病，死前他把一切权力交给了弟弟司马昭。

从司马昭到司马炎

司马昭总揽大权后，想取代曹髦。为此，他不断铲除异己，打击政敌。曹髦知道自己迟早会被司马昭除掉，于是他要先发制人，除掉司马昭。

一天，曹髦把自己的心腹找来，对他们说："司马昭之心，路人所知也。"他还表示，自己无法忍受就要被司马昭废掉的耻辱，便亲自率领宿卫数百人袭击司马昭。司马昭得到消息，立即派兵阻截，杀掉了曹髦。

事后，司马昭立曹操的孙子曹奂为帝。景元四年（263年），司马昭派大军攻打蜀汉，蜀汉后主刘禅投降，蜀国灭亡。这样，司马氏家族的势力进一步壮大了。

司马昭灭蜀后不久去世。作为他的继承人，其长子司马炎于咸熙二年十二月（266年）代魏称帝，改国号为晋，改元泰始，定都洛阳，史称"西晋"。

030 祖逖北伐为什么会失败？

两晋之际，北方沦陷。名将祖逖率部渡江，誓复中原。北伐军一度推进到黄河岸边，却功亏一篑。这是为什么呢？

少有大志

祖逖出身大族，家世二千石。他豁达坦荡，少年时轻财好侠，闻鸡起舞，慨然有澄清天下之志。西晋末年，八王乱起，祖逖担任齐王司马冏大司马掾，累官太子中舍人。永嘉五年（311 年），匈奴族刘曜率汉军攻陷洛阳（今河南省洛阳市白马寺东洛水北岸），

闻鸡起舞

晋怀帝被俘，中原大乱。这时，祖逖率亲党数百家南下避难，途中被推为流民首领。至泗口（今江苏省淮安市淮阴区西南），他被时任镇东大将军的司马睿任命为徐州刺史，不久祖逖被征为军咨祭酒，移居京口（今江苏省镇江市）。安顿下来后，他上书司马睿，力请北伐。

起兵北伐

建兴元年（313 年），司马睿以祖逖为奋威将军、豫州刺史，命他北伐。然而，司马睿仅仅为他提供了一千名士兵的口粮和三千匹布，祖逖需要自募战士，自造兵器。祖逖携麾下部曲百余家北渡长江，中流击楫，宣誓道:“祖逖不能清中原而复济者，有如大江！”至淮阴（今江苏省淮安市淮阴区），祖逖一面命人冶铸兵器，一面招募流散，得两千多人，后进驻雍丘（今河南省杞县）。当时，各地坞主（坞壁首领）相互攻击，依违于石勒与晋朝之间，祖逖便派人招抚众坞主，后进克谯城（今安徽省亳州市）。蓬陂坞主陈川投石勒，祖逖率军伐之，石勒遣石虎领兵五万救援，祖逖以奇兵击退石虎。后来，石勒控制的镇戍多归附祖逖，晋室将领李矩、郭默、上官巳、赵固等也愿听从祖逖的指挥。随着北伐形势的不断向好，祖逖先后收复黄河以南大部失地。

忧愤而终

正当祖逖秣马厉兵，积蓄力量，准备向黄河北岸推进时，东晋内部生乱，王敦擅政。大兴四年（321 年），晋元帝司马睿遣戴渊为征西将军、都督司兖豫并雍冀六州诸军事、司州刺史，以监督祖逖。祖逖见北伐难成，自身又不得朝廷信任，遂忧愤成疾，当年卒于雍丘，其收复的土地不久便被石勒攻占。

031 “王与马，共天下”是什么意思？

东晋建立初期，社会上流传着一句话：“王与马，共天下。”“王”与“马”的含义分别是什么呢？“共天下”又是什么意思呢？

西晋灭亡与东晋建立

西晋建武元年（304 年），匈奴族刘渊起兵反晋，建立汉国，十六国时代开始。建兴四年（316 年），汉国灭掉西晋。次年，晋琅邪王司马睿在江东重建晋朝，定都建康（今江苏省南京市），史称“东晋”。东晋与十六国南北对峙，这是中国历史上一个纷乱的时代。

司马睿与琅邪王氏

司马睿是在世家大族琅邪王氏的扶持下建立起东晋政权的，琅邪王氏的代表人物是王敦、王导兄弟。永嘉元年（307 年），司马睿用王导之计，请求移镇建邺〔建兴元年（313 年）改称建康〕，朝廷任命司马睿为安东将军、都督扬州诸军事。

司马睿到达建邺后，处于寄人篱下的尴尬局面。他本是晋皇室疏属，声望不高，因此江东大族顾、陆、朱、张、沈、周等颇为轻视司马睿。

在这种情况下，王导建议司马睿拉拢江东士族。在上巳节，古人会在水边嬉游。这天，司马睿乘肩舆出游，盛具威仪，王敦、王导及其他北方大族的名流皆骑马随从，以提高司马睿的威望。江东士族看到这个场景，大吃一惊，就争相拜见司马睿。至此，司马睿

王导像

才站稳了脚跟。

此后数年，司马睿在南方苦心经营，北方的西晋朝廷日薄西山，直至灭亡。于是，司马睿走向了历史舞台的中央。

司马睿登基的那天，王导等文武官员前来朝贺。司马睿见到王导，命他升御床共坐。这个意外的举动，使王导大为震惊。他坚决推辞，司马睿便不再勉强。司马睿知道，自己能够继承皇位，全靠王敦、王导兄弟的帮助。所以，司马睿分别在军事、政治上倚重王敦、王导。王家的子弟中，有很多人被封了重要官职。所以，当时出现了“王与马，共天下”的说法。

虽然司马睿当上了皇帝，但是他对大权旁落深感不满。本着加强皇权的目的，司马睿逐渐发展了一些心腹，企图抑制王氏的权势。感到威胁后，王敦便在驻地武昌（今湖北省鄂州市）起兵，攻占了建康，杀掉司马睿的心腹后退兵。不久，司马睿在忧愤中去世，他的儿子司马绍即位，是为晋明帝。此后，王敦气焰更胜，再次叛乱，不料突然因病去世，叛军亦土崩瓦解。

门阀政治

“王”与“马”的结合，是皇权衰微、门阀势力强大的必然结果。这种结合奠定了东晋的政权基础，也使东晋皇室一直难以摆脱门阀的控制。门阀政治是东晋历史的重要特点。

032 北魏孝文帝改革的内容是什么？

北魏统一中国北部后，以平城（今山西省大同市东北）为中心，遥制中原。当时，地方政权多为贵族和豪强把持。大量浮户、隐户依附豪强，逃避国家赋役。对于中央而言，加强中央集权是迫切需要解决的问题。

冯氏主持的改革

北魏皇兴五年（471 年），孝文帝继位，年仅五岁，太皇太后冯氏临朝称制。太和八年（484 年），她颁行俸禄制，禁止官吏自行向农民征税，统一财政收支。太和九年（485 年），她又颁行均田制。次年，冯氏废除宗主督护，建立三长制，五家为邻，五邻为里，五里为党，邻、里、党三长征收租调，征发徭役和兵役，以保证财政收入。这些措施都具有除弊开新的改革性质，适应了北魏进一步巩固统治的需要。

孝文帝继续改革

太和十四年（490 年），冯太后死，孝文帝独揽朝政，继续推进改革。太和十七年（493 年），孝文帝下诏颁布《职员令》21 卷，进一步整顿官制。具体如下：按汉晋制度，以尚书、中书、门下三省为朝廷政务中枢，地方行政分州、郡、县三级；官分九品，各品又分正、从，正、从各品又分上、中、下三阶，共九品五十四阶；所有官员进阶升品，须按规定条件，经过严格的政绩考核，才能实现。官制改革是孝文帝改革的重要组成部分，北魏此前“胡汉杂糅”的官名与机构被全面清理，鲜卑贵族不能再凭特权占据政治要津。

孝文帝的改革不断深入，这引起了平城保守势力的不满。此外，平城偏居北边，不利于孝文帝将北魏塑造为华夏正统，也不利于中原赋调的转输，于是有了迁都之议。孝文帝以南伐南朝齐为名，调集军队，成功实现了迁都洛阳（在今河南省洛阳市东）。部分贵族试图在平城谋反，受到镇压。

随后，孝文帝下令实施了旨在全面汉化的一系列改革：随迁洛阳的鲜卑等族，籍贯改为河南郡洛阳县，死后不得还葬平城；仿汉族传统服饰，创制新的鲜卑族服饰；宣布汉话为“正音”，官方场合不得使用鲜卑语及其他各族语言，违者免官。太和二十年（496 年），孝文帝下令改变鲜卑姓氏，比如改皇族拓跋氏为元氏。他又仿照南朝，推行严格的门阀制度，规定穆、陆等八大鲜卑贵姓，其身份地位可比中原崔、卢、郑、王等四姓高门。

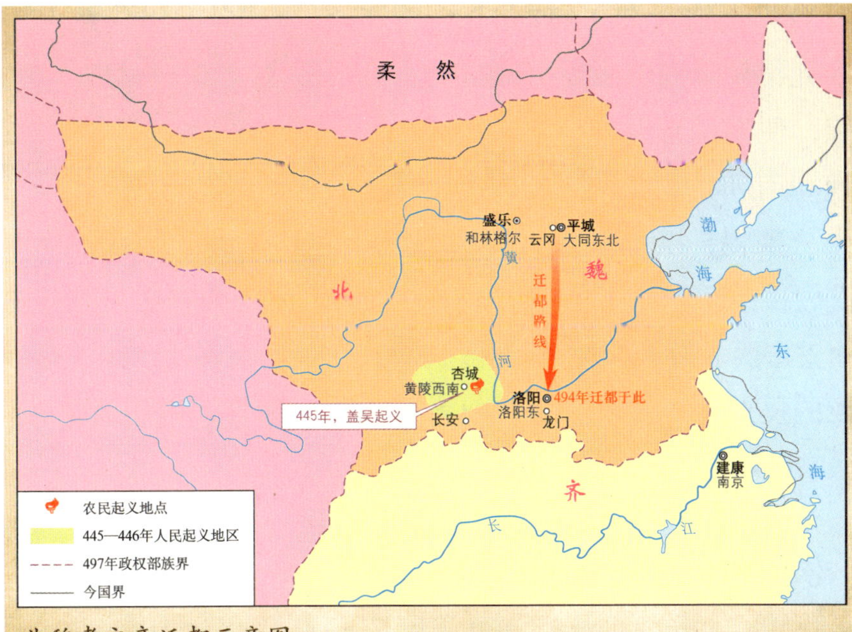

北魏孝文帝迁都示意图

033 侯景之乱是怎么回事？

南朝时代，梁国发生了侯景之乱。在这场动乱中，江南社会遭到空前的浩劫。那么，侯景之乱是如何发生的？又是如何结束的呢？

侯景其人

梁武帝像

侯景原为北魏怀朔镇（今内蒙古自治区包头市东北）戍卒。六镇兵变时，他投降尔朱荣，后高欢诛灭尔朱氏，他又投靠高欢，官至司徒，河南道大行台。太清元年（547 年），高欢死，侯景与高欢之子高澄有隙，便发动叛乱，并派人向西魏和南朝梁洽降。西魏对侯景十分警惕，以援助为名，派兵占领侯景一半的地盘，并逼其交出兵权，入朝长安（在今陕西省西安市西北）。梁武帝则一度犹豫，但因好大喜功，终不顾多数朝臣的反对，纳降侯景，封他为河南王，都督河南南北诸军事，并派宗室萧渊明领兵 5 万进攻东魏。

侯景叛变及动乱的平定

十一月，梁军在彭城（今江苏省徐州市）外的寒山被东魏歼灭，萧渊明被俘。次年正月，侯景亦败于涡阳（今安徽省蒙城县），仅率步骑八百狼狈南窜，中途夺取南朝梁的寿春（今安徽省寿县）。梁武帝听到寒山败讯，吓得几乎跌下床来。但他仍不对侯景采取果断措施，而是一面安抚侯景，一面与东魏谈判，企图以侯景换回萧渊明。侯景怕自己成为梁武帝交换萧渊明的筹码，便将寿春居民充作军士，并以萧正德（萧衍之侄）为内应，许以事成后立之为帝，于八月举兵反叛。

不久，侯景率骑数百、兵八千，顺利渡过长江，得萧正德内应攻入建康（今江苏省南京市），直指台城（宫城，中央台省与宫殿所在地）。十月二十四日，台城被围，三万梁军在良将羊侃的指挥下展开了惨烈的台城保卫战。叛军多次攻城，均被击退。台城被围日久，牺牲惨重，瘟病流行，横尸满路。守军存者仅两三千人，但仍坚持抗争，以待外援。

此时，集结在建康城外的各路援军多达二三十万人，但各路人马互相猜忌，无战心。本来，侯景见援军已至，十分恐慌，后来见援军号令不一，终无勤王之志，于是加紧攻城，终于在太清三年（549 年）三月十二日攻破台城。

侯景矫诏解散援军，数十万梁军或走或降，一朝散尽。五月，被软禁的梁武帝病饿而逝，侯景立太子萧纲为帝（简文帝），自居相国、宇宙大将军、都督六合诸军事，派兵攻占三吴（泛指长江下游一带）等地。侯景叛军所到之处，专以焚掠、杀戮立威，但百姓宁死而不附。大宝二年（551 年），侯景废简文帝。十一月，他自立为帝，国号“汉”。

次年，建康被梁将陈霸先、王僧辩等攻破，侯景逃亡时被部下杀死，叛乱终告平定。

034 “开皇之治”有哪些具体表现？

我们都知道，隋文帝杨坚建立隋朝，开创了“开皇之治”。那么，“开皇之治”的内涵是什么呢？

杨坚的崛起之路

杨坚出身于北周军功贵族家庭。周武帝时，他进位大将军，袭父爵为隋国公。他的长女是周宣帝皇后。大象二年（580 年），周宣帝死，子静帝继位，年方 8 岁。杨坚趁皇帝年幼，总揽起军政大权。大定元年（581 年），他代周称帝，国号隋，改元开皇，史称杨坚为隋文帝。开皇九年（589 年），隋文帝灭掉陈朝，统一全国。

“开皇之治”的内涵

在大众的印象中，古代帝王的生活往往较为奢靡。然而，隋文帝却是个例外。在开皇前期，他不贪图享受，而是勤于政事，并取得了一系列成就。

在中央，隋文帝废除北周六官制，基本上确立了三省六部制，以利于加强中央集权。三省六部制对后世产生了很大的影响，六部之制甚至延续到清代末期。在地方，隋文帝简化行政机构，改南北朝以来的州郡县三级制为州县两级制。为了更好地控制地方，他还规定九品以上的地方官员全部由中央任免。

在立法方面，隋文帝令高颎等人编纂《开皇律》，后又命苏威等人重修这部律典，废除了其中的死罪八十一条，流罪一百五十四条，徒、杖等罪一千多条，最后保留五百条律令。《开皇律》是隋朝立法的最高成就，对唐律影响很大。

隋文帝像

除了政治、法律方面的改革，隋文帝还采取了许多经济措施，以巩固其统治。他即位不久，就下令将五千头官牛分赐给贫苦农民，助其生产。他还多次下令减免农民的赋役，使他们有更多的时间从事农业生产。为使隐漏户口复归户籍，隋文帝采纳高颎的建议，实行输籍之法。

“乱亡之兆”

开皇前期的一系列政治、经济措施成效显著，当时国内府库充盈，人丁大增。但另一方面，随着年龄的增长，隋文帝一改过去的俭朴作风，大修宫室。晚年，他用法严峻，社会矛盾加剧。所以史籍说，隋朝的“乱亡之兆”虽成于炀帝，但在文帝时期已开其端。

035 玄武门之变的导火索是什么？

唐代初年，皇室爆发了著名的玄武门之变。那么，是什么原因导致了这场宫廷政变呢？

政变的过程

武德九年（626年）六月四日，太子李建成和齐王李元吉上朝面圣。当他们骑马到达玄武门内临湖殿时，发觉伏兵，避走不及。就在这时，秦王李世民跃出，射死了李建成，其部下尉迟敬德杀死了李元吉。

事变发生后，尉迟敬德在李世民的授意下入宫，“请”李渊下令由秦王节制诸军。面对突发事件，李渊在受胁迫的情况下无奈接受了这一“请求”。这就是历史上著名的“玄武门之变”。

兄弟阋墙

唐高祖像

唐高祖李渊的皇后窦氏生有四个儿子：长子李建成、次子李世民、三子李玄霸、四子李元吉，其中李玄霸早亡。李渊称帝后，按照嫡长子继承制，立李建成为皇太子，封李世民为秦王，封李元吉为齐王。

在打江山的过程中，李世民功勋显赫，逐渐握有实权，威名日隆。他开馆延揽四方文学之士，并网罗了一批谋臣猛将。但他身为次子，不能继承皇位。李建成生长于民间，了解社会状况，有政治才干，又因是长子，他得到了最高统治层的拥戴，还把四弟李元吉拉入了自己的阵营。所以，李建成在争夺皇位的斗争中处于优势。

唐太宗像

高祖李渊为平衡诸子关系，给李世民加号天策上将、陕东道大行台等，位在王公之上，以示宠信，但对李世民功高震主之势也有所戒备。

武德九年夏，突厥数万骑入塞侵扰，李建成趁机向李渊推荐李元吉率诸军北征，防止李世民掌握兵权。李建成、李元吉又共谋调出秦王府的精兵骁将，以削弱李世民的力量。种种危机之下，李世民选择先下手为强，所以就上演了兄弟相残的一幕。

玄武门之变的影响

玄武门之变后，李渊立李世民为太子。武德九年八月，李渊退位，李世民即皇帝位，是为唐太宗。次年，李世民改元贞观，开启了历史上著名的“贞观之治”。

036 武则天是个什么样的皇帝？

武则天曾是唐高宗的皇后，后来做了中国历史上唯一的女皇帝。那么，她在历史上有什么功过呢？

武则天的功绩

武则天重视经济发展。高宗在位时，她曾上疏“建言十二事”，其中有劝农桑、薄赋敛、息干戈、禁淫巧、省力役等主张，高宗大多予以采纳。掌权以后，她命人编撰了《兆人本业》，还把这本书发到各州县，让州县官将它作为劝农的参考。面对因土地兼并而逃亡的农民，她采取了比较宽容的政策。因此，武则天统治时期，社会比较安定，农业有了很大发展。

武则天像

武则天着力经营边疆。在她执政前，唐朝已在西域设立安西都护府（辖境东起今阿尔泰山，西至咸海，包括葱岭东西和阿姆河两岸诸城国）。她当权后，吐蕃于垂拱二年（686 年）攻占了安西四镇（碎叶、龟兹、于阗、疏勒）。她组织反攻，于长寿元年（692 年）遣王孝杰等大破吐蕃，恢复了安西四镇。长安二年（702 年），武则天把天山以北地区从安西都护府划出来，另置北庭都护府（治所在今新疆维吾尔自治区吉木萨尔县北破城子）。

武则天重视科举，大开制科。有一次制科策试，她亲临考场，主持考试。武则天用人不看门第，而是看是否有政治才能。在武则天时期，高级官员中科举出身的人越来越多，这极大地激发了一般人读书的热情。开元、天宝年间“父教其子，兄教其弟”的社会风气，就是从武则天时期开始的。

除了大开制科，她还广开入仕之门。对于贤才，她进用不疑，求访不倦。由于她能够做到明察善断，务取真才实学，因此把当时最杰出的人才都吸引到了自己身边，如狄仁杰、娄师德等。武则天还为开元之治储备了一大批人才。开元时期，活跃在政治舞台上的姚崇、宋璟、张说、张九龄等人都是在武则天当政时得到培养、获得提拔的。

武则天的过失

武则天在夺取最高统治权的过程中，大肆排除异己，打击政敌，并杀害、贬逐一些被她怀疑的大臣。武则天还奖励告密，任用索元礼、周兴及来俊臣等酷吏广事罗织，严酷逼供，虽然消灭了一些政敌，但也滥杀了不少无辜。到武周政权正式建立以后，上述情况才有所好转。

此外，武则天崇佛教、建寺院、筑明堂，浪费了大量的人力、物力。在她统治时期，逃户问题已经日益严重，府兵制开始瓦解。

037 盛唐为什么会走向衰落？

开元前期，唐玄宗明赏罚，裁冗官，宽平赋役，兴修水利，倡导节俭。当时，社会安定，经济发展，人户增加，国势强盛，号为“开元之治”。然而，繁华的背后却隐藏着重重危机。

安史之乱

开元后期，曾经雄心勃勃、励精图治的唐玄宗逐渐发生变化。在政治上，他认为天下太平，无复可忧，便深居禁中，怠问政事；在用人上，奸佞之臣李林甫、杨国忠、安禄山占据高位；在边疆问题上，唐玄宗不断地对吐蕃、南诏、契丹发动战争。这样做，不仅恶化了民族关系，还导致财政上用度不足的问题。他还大量扩充边军，导致军事布局上的外重内轻；在个人生活上，他专以声色为娱，宠爱杨贵妃。

开元年间，唐朝普遍在边疆设立节度使，这些节度使的权力很大。安禄山是营州（今辽宁省朝阳市）的胡人，因战功任平卢兵马使、营州都督等。在得到唐玄宗的信任后，他身兼范阳（今北京市西南）、平卢（今辽宁省朝阳市）、河东（今山西省太原市西南晋源镇）三镇节度使，封东平郡王。安禄山洞悉朝廷腐朽、军力空虚的内情，便训练精兵，囤积粮草，打造武器，准备叛变。

天宝十四载（755 年）十一月，安禄山以讨伐宰相杨国忠为名，发兵十五万，号称二十万众，自范阳南下。叛军势如破竹，短时间内就从范阳打到洛阳（在今河南省洛阳市）。次年正月，安禄山在洛阳称帝，国号大燕。而唐朝军队连续遭遇败绩，潼关（今陕西省

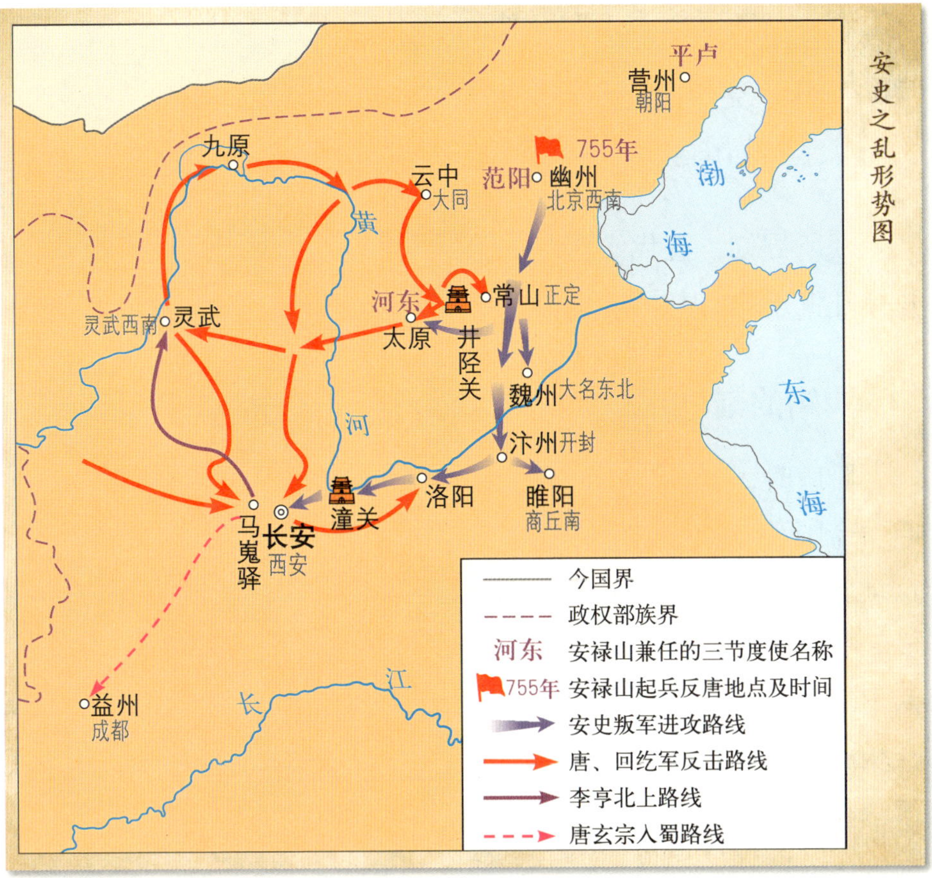

潼关县东北）陷落后，长安（在今陕西省西安市）失去屏障，唐玄宗被迫逃离长安。在到达马嵬驿（在今陕西省兴平市西）后，他的部队发起兵变，杀死奸相杨国忠，并迫使唐玄宗缢死杨贵妃。

藩镇割据

安史之乱使大唐王朝由盛转衰，社会经济遭到严重破坏。这场变乱后，藩镇势力变得更为强大，各地节度使为所欲为，有的节度使在其辖区内扩充军队，委派官吏，征收赋税，不服从唐朝政令，中央集权力量被严重削弱。这种混乱的局面也为五代十国时期中国的大分裂埋下了伏笔。

038 五代十国时期，文化的发展程度如何？

众所周知，五代十国是中国历史上的大分裂时代。然而，在这个乱世之中，中国的文化仍然得到了一定的发展。

典籍的刻印

后唐时，政府开始刻印《九经》。长兴三年（932 年），后唐明宗命国子监校正《九经》，并雇雕字匠人刻版，面向社会印行。这项工程旷日持久，直到后周广顺三年（953 年）六月才全面完成。除《九经》之外，后唐政府还刻印了《五经文字》《九经字样》两部字书。后汉时，政府刻印了《周礼》等未刊的“四经”。后蜀宰相毋昭裔请蜀主刻印《九经》，蜀主从之。刻印《九经》，促成儒学经典的普及，有利于文化的传播。

史书的修纂

修史方面，后梁末帝下诏征集唐代的家传以及公私章疏。后唐明宗设三川搜访图籍使，命其到成都（今四川省成都市）一带搜寻《唐实录》，并明令保护唐人碑碣。这就为《旧唐书》的编撰做了重要而及时的准备。后晋天福六年（941 年）至开运二年（945 年），刘昫、张昭远等人领衔修成《唐书》，后世称为《旧唐书》。

文学的发展

五代十国是词的重要发展时期。在西蜀地区，前蜀有韦庄，后蜀有欧阳炯，他们的作品后来由赵崇祚等收入《花间集》。南唐的重要词人有冯延巳、中主李璟、后主李煜。李璟、李煜父子的作品，后人集为《南唐二主词》。

画家与画作

绘画方面，后梁荆浩擅画崇山峻岭。关仝师承荆浩，擅长画关河之势。两人并称“荆关”，是五代时北方山水画的代表人物。南唐的董源、巨然擅用或浓或淡的水墨描绘江南景色，两人并称“董巨”，是五代北宋时南方山水画的代表人物。后蜀的黄筌擅画珍禽异卉，南唐的徐熙擅画江湖上的水鸟汀花，两人并称“黄徐”。宋代郭若虚在《图画见闻志》中以“黄家富贵，徐熙野逸”形容两人作品风格的不同。此外，南唐顾闳中所画《韩熙载夜宴图》为传世的艺术珍品。

《韩熙载夜宴图》局部

039 为什么说陈桥兵变是“千秋疑案”？

我们都知道，赵匡胤通过陈桥兵变夺取了后周政权。然而，这一事件中存在疑点，兵变也被后人称为“疑案”。那么，陈桥兵变的真相究竟如何呢？

掌握禁军的赵匡胤

后唐天成二年（927 年），赵匡胤出生在洛阳（即今河南省洛阳市隋唐故城）一个军人家庭。他的父亲赵弘殷在后唐、后汉、后周屡立战功。赵匡胤自幼习武，擅骑射，勇武过人。长大后，他投到后汉枢密使郭威麾下，并与一些禁军将领结为“义社十兄弟”。郭威建立后周后，赵匡胤和他的父亲在禁军中担任要职。

后周的第二位皇帝世宗柴荣是郭威的养子，他颇有作为。遗憾的是，显德六年（959 年），柴荣英年早逝。他年仅七岁的儿子柴宗训继位，是为后周恭帝，恭帝的母亲符太后摄政。当时，赵匡胤担任归德军节度使、检校太尉。他借机在禁军中黜降、提拔敌友势力，总体上控制了禁军。

兵变的过程

次年春，北部边防的急报忽然而至：“十国”之一的北汉与契丹合兵南下，进犯后周。赵匡胤受命率大军启程，北上御敌。

正月初三晚上，赵匡胤的大军到达陈桥驿（在今河南省封丘县东南）。到了半夜，在赵匡胤的弟弟赵匡义、心腹幕僚赵普等人的策划和鼓动下，军士们在驿站门外集结。有人提出：当今皇帝年幼势弱，我们拼死杀敌，谁能知道我们的功劳？不如拥立点检

（赵匡胤曾任殿前都点检）为天子。有人表示反对，但无力阻止。

四日凌晨，赵匡义和赵普带领众将，闯入赵匡胤的卧室，把他叫醒。睡眼惺忪之际，赵匡胤听到手下的将领们说：“我们没有明主，愿意拥立您为天子。”赵匡胤还没来得及回答，已经有人将事先准备好的黄袍披在了他的身上，随后便是山呼海啸般的“万岁”声。紧接着，有人扶着赵匡胤的胳膊，将他搀上马，准备返回京城（后周定都开封，即今河南省开封市）。此时，赵匡胤才完全清醒，他拉住缰绳说：“我有号令，你们能听从吗？”众将官立刻翻身下马，表示愿意服从命令。赵匡胤便提出不得侵犯符太后、后周恭帝和公卿大臣，不得抢劫公私财物等禁令。众人保证遵守，他便班师回京。

赵匡胤的部队到达京城时，他的结义兄弟石守信、王审琦打开城门迎进，随后赵匡胤迅速控制了京城。宰相范质等人被带到殿前司公署。在那里，赵匡胤哭着对范质说：“违负天地，今至于此！”范质等人见大势已去，无力回天，旁边又有赵匡胤的心腹举刀威胁，只得叩拜“万岁”。

不久，赵匡胤正式登基，改国号为“宋”，改元“建隆”，定都开封。宋朝正式建立。

“千秋疑案”的疑点

在宋朝官方的记载中，宋太祖赵匡胤在陈桥兵变中被“黄袍加身”，实属被逼无奈。然而，后世很多研究者对这种说法持怀疑态度，试举以下两个疑点：一、北汉与契丹合兵攻打后周是否属实？因为陈桥兵变后，再也没有人提及北方边患。二、黄袍从何而来？在等级森严的封建时代，不要说一件绣龙黄袍，即便是明黄色的布匹，也属御用之物。这么重要的物件，兵变时却能“即取即用”，要说不是预先准备，恐怕难以令人信服。

040 澶渊之盟是怎么回事？

后唐清泰三年（936 年），河东节度使石敬瑭向契丹割让燕云十六州（相当于以今北京市和山西省大同市为中心，东至河北省遵化市，北迄长城，西界山西省神池县，南至天津市海河以北，河北省河间市、保定市及山西省繁峙县、宁武县一线以北地）。自此以后，中原王朝长期失去了北面防守的屏障。后来的辽国以燕云十六州为跳板，多次南侵。

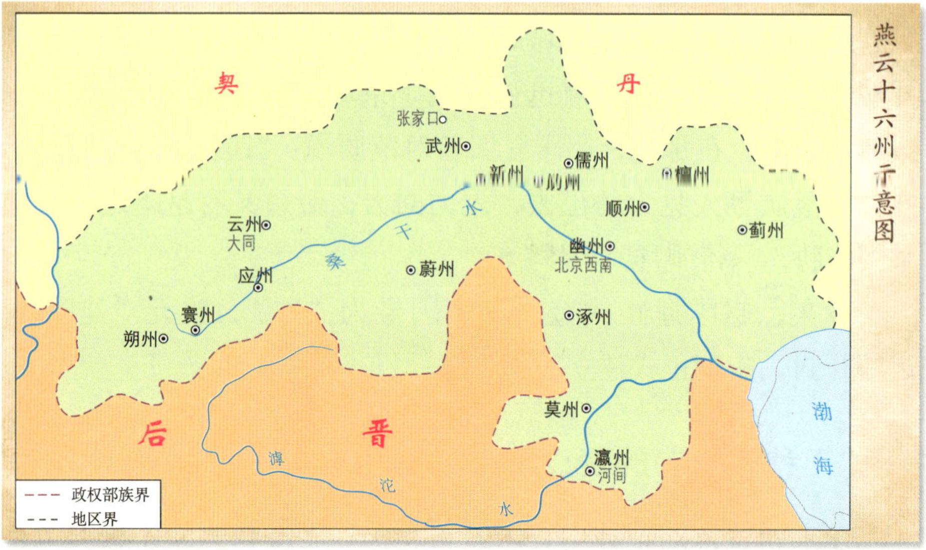

燕云十六州示意图

澶州之战

北宋景德元年（1004 年）闰九月，辽承天皇太后和辽圣宗耶律隆绪以收复瓦桥关（今河北省雄县旧南关）南十县为名，发兵南下，直逼黄河边的重镇澶州城（今河南省清丰县西南），威胁宋朝都城东京开封（今河南省开封市）。

大兵压境，宋朝朝野震动。关于如何对敌，朝堂上产生了争论。大臣王钦若主张迁都昇州（今江苏省南京市），大臣陈尧叟主张迁都益州（今四川省成都市），宰相寇准则力排众议，促请宋真宗赵恒亲征。宋真宗被迫北上，抵达澶州，宋军士气为之一振。同时，宋军在澶州前线以伏弩射杀辽南京统军使萧挞凛，辽军士气大挫。于是，宋、辽两军开始对峙。

宋真宗像

辽军此次南侵，目的是掠夺物资，并对宋朝进行政治讹诈。现在，辽军阵前折将，又有退路被切断的危险，便决定与宋议和。宋真宗和大部分朝臣长期惧辽，他们既认识到边防体系存在的严重问题，又缺乏与辽军打持久战的信心，所以也希望抓住机会和谈。在此局面下，辽、宋双方停战议和，并于景德元年十二月签订澶渊之盟（因澶州亦名“澶渊郡”）。盟约规定，宋朝每年给辽绢 20 万匹、银 10 万两。此外，双方约定为兄弟之国。

澶渊之盟的意义和局限

澶渊之盟的订立，是宋辽双方在军事力量和经济实力方面达到某种平衡的产物。盟约缔结后，宋、辽之间进入了一个相对和平的时期，这为双方经济文化的交流创造了条件。然而，澶渊之盟的订立也给宋朝的国防战略带来极大的消极影响，使得宋廷过分依赖议和手段，轻视武备建设，从而在边防上长期陷入被动挨打的境地。

041 靖康之变是如何发生的?

我们都知道，北宋亡于靖康之变。那么，靖康之变是怎么发生的？它发生的历史背景是什么呢？

女真族崛起

女真族是我国古老的民族之一，居住在黑龙江流域和长白山一带，过着游牧、渔猎的生活。辽宋时期，辽朝对女真人极力搜刮、掳掠，激起了女真人的不满和反抗。辽天庆五年（1115年），女真首领完颜阿骨打建国称帝，国号“金”，年号“收国”。辽天祚帝耶律延禧御驾亲征，结果作战失利，仓皇败逃。自此，完颜阿骨打开启了灭辽之战，而辽丧失了战略上的主动权，一路败北。金天辅七年（1123年），完颜阿骨打去世，他的弟弟完颜晟即位，继续灭辽之战。

海上之盟

此时的北宋，正值宋徽宗赵佶在位。他重用蔡京、童贯、高俅等人，横征暴敛，骄奢淫逸。他设立造作局，这一机构专门制造供皇室享用的奢侈品。为了搜括民间奇花异石，他还成立了苏杭应奉局，该局负责用船将花石送到开封（今河南省开封市）。此外，宋徽宗还大兴土木，霸占民田，迷信道教。他的腐朽统治，激起了方腊、宋江等农民起义。

北宋建国之初，即面临因丧失燕云十六州（相当于以今北京市和山西省大同市为中心，东至河北省遵化市，北迄长城，西界山西省神池县，南至天津市海河以北，河北省河间市、保定市及山西省繁峙县、宁武县一线以北地）而产生的巨大军事压力。为了摆脱这一国防上的困境，北宋上层曾组织北伐，却未能实现既定目标。随着金朝在北方崛起，宋徽宗看到了收复燕云十六州的希望。于是，重和元年（1118 年），宋徽宗派遣使节渡海北上，和金秘密交涉结盟攻辽事宜。经反复磋商，宣和二年（1120 年）双方达成协议：宋金各自出兵伐辽，辽亡后，金将燕云十六州交给北宋，北宋则把给辽的岁币转赠于金。因双方使臣都是走海路往来，所以上述盟约被称为“海上之盟”。

结果，北宋两次出兵攻打辽燕京（治今北京城西南隅）均告失败，彻底在金面前暴露了自己的军事实力。而金则灭掉了辽，并拒绝把燕云十六州交给北宋。北宋许金以银、绢巨万，金才交给宋其中的六州及燕京。

金灭北宋

宣和七年（1125 年），金乘胜南下攻宋，宋徽宗惊恐之下传位给太子赵桓。赵桓即宋钦宗。

宋钦宗见金军势大，想离京南逃。大臣李纲坚决主战，成功劝说宋钦宗留在开封。李纲组织军民死守开封，击退了金军的进攻。金军于靖康元年（1126 年）二月撤军，开封保卫战告一段落。

然而，在金军撤离之后，李纲即遭到宋廷投降派的排斥和诬陷。不久，李纲被逐出朝廷，而金军则再次南下，围攻开封。宋钦宗不得不重新启用李纲，但还未等李纲赶到，金军就在靖康元年闰十一月二十五日攻破开封。靖康二年（1127 年）四月，金军在开封大肆掳掠之后，俘虏徽钦二帝、宗室、后妃等数千人，以及教坊乐工、技艺工匠，携法驾、仪仗、冠服、礼器、天文仪器、珍宝玩物、皇家藏书、天下州府地图等北去，开封城为之一空，北宋灭亡，史称“靖康之变”。

042 谁是“史学两司马”？

司马迁是西汉史学家，著有《史记》。司马光是北宋史学家，撰有《资治通鉴》。他们在中国史学史上占有重要地位，合称“史学两司马”。

司马迁与《史记》

司马迁的父亲是史学家司马谈。早年，司马迁遍游南北，考察风俗，采集传说。元封三年（前 108 年），他接替父亲的职务，任

司马迁游历所达之地示意图

太史令。后来，因对李陵投降匈奴事有所辩解，司马迁获罪下狱，受腐刑。出狱后，司马迁任中书令，完成了《太史公书》(后称《史记》)。

《史记》共一百三十篇，是中国第一部纪传体通史。作者在写作时，依据《左氏春秋》《国语》《世本》《战国策》《楚汉春秋》及诸子百家之书，利用皇家收藏的文献，益以实地采访的资料，取材极富。《史记》记事起于传说中的黄帝，迄于汉武帝，首尾共三千年左右，尤详于战国、秦、汉。这部大书以本纪、世家、列传记录不同的人物、政权、民族，以八书记制度沿革，立十表以通史事的脉络，为后世各史所沿用。

司马光与《资治通鉴》

北宋治平三年（1066 年），司马光撰成时间断限为战国迄秦的《通志》八卷。英宗读后，非常重视，命他设局续修。神宗以其“鉴于往事，有资于治道”，遂将这部书改名为《资治通鉴》。王安石推行新政，司马光竭力反对，强调祖宗之法不可变。后来，司马光被任命为枢密副使，他坚辞不就，于熙宁三年（1070 年）出知永兴军（治今陕西省西安市）。次年，他退居洛阳，以书局自随，继续编撰《资治通鉴》，至元丰七年（1084 年）成书。

《资治通鉴》共二百九十四卷，另有考异、目录各三十卷，属于编年体通史。全书上起周威烈王二十三年（前 403 年），下迄五代周显德六年（959 年）。在写作时，作者除取材十七史以外，尚有野史、传状、文集、谱录等三百四十种左右。《资治通鉴》的内容以“关国家兴衰，系生民休戚”为主，“不特纪治乱之迹”，于礼乐、历数、天文、地理“尤致其详”。全书有“考异”以明取材不同之故，有“目录”以备查阅之用，提供了较系统而完备的资料。

043 程朱学派有哪些思想主张？

程朱学派是中国古代社会后期最具影响力的思想流派。程即程颢和程颐，朱即朱熹。由于他们的思想一脉相承，均以理为最高范畴，后人把他们合称为“程朱学派”。

北宋的二程

程颢、程颐早年受业于周敦颐，接受其道德性命之学。后来，二程建立了自己的哲学体系。

程颢提出“天者理也”和“只心便是天，尽之便知性”的命题，认为知识、真理的来源，只是内在于人的心中。如果人的心寂然无事，“廓然大公”“内外两忘”，即能“穷理”“尽性”。他还倡导“传心”说，认为前圣、后圣所传的不是圣人之道、圣人之心，而是自己的心，“己之心，无异圣人之心”“欲传圣人之道，扩充此心焉耳”。

程颐的学说以“穷理”为主，认为“天下之物皆能穷，只是一理”。这理“在天为命，在人为性，论其所主为心，其实只是一个道”，从而强调“格物之理，不若察之于身，其得尤切”，主张

二程雕像

以“涵养须用敬，进学则在致知”的修养方法，使被人欲所蔽的天赋德性得以修复，即“复其性”。他还主张“去人欲，存天理”，以纲常名教为天理，以私欲为人欲。

南宋的朱熹

朱熹像

二程的学说在北宋已经具有了一定的影响力，他们的弟子包括杨时、谢良佐和吕大临等。通过其弟子及再传弟子的努力，二程的思想传播在南宋有了更大的发展，当时主要的学术流派几乎都与二程有关系。

朱熹是二程的四传弟子，他不仅继承、发展二程思想，而且集诸儒之大成，对北宋以来的理学思潮进行了一次全面总结，建立了一个系统的理学体系。他论述了理气关系，认为“天地之间，有理有气，理也者，形而上之道也，气也者，形而下之器也，生物之具也”，理气不离，但理本气末，气是理之挂搭处、安顿处。他提出了系统的格物致知说和知行学说，主张“穷理以致其知，反躬以践其实”，认为“一日豁然贯通”，就会达到“众物之表里精粗无不到，而吾心之全体大用无不明”的学问境界。他还建立了完整的人性学说和有次第的功夫修养方法论。

程朱学派的地位

从南宋后期起，程朱学派逐渐受到统治者的重视，长期居于思想上的统治地位，对中国古代社会后期的政治、经济、文化产生了巨大影响。

044 什么是行省制度？

元代的行省制度，对此后的中国历史产生了深远影响。那么，什么是行省制度？这一制度有什么特点呢？

“省”的沿革

自元代始，行省成为地方最高行政区划。行省的“省”本来是官署的名称，其来源可以追溯到魏晋时期。当时，中央政府权力机构分为中书、门下、尚书三省。如果地方有事，中央政府派出部分官员前去处理，组成行台省，即中央的行动机构。这一制度唐初也曾运用，而到了金代末年，金的边境、内地都不安宁，中央经常派行台省前去应付。这一做法延续了数十年之久，使行台省渐渐带有

元朝形势图（1330年）

行政区划的色彩。

忽必烈建立元朝后，成立了全国最高行政机构中书省，而元在征服北部中国的过程中，向金朝学习，以行中书省（有时是行尚书省）作为管辖新征服地区的行政机构。久而久之，这个机构管辖的地区也挂上了中书省的名称，简称行省或省。同时，作为中央政权机构的中书省本身也直辖包括首都在内的一大片地区。

元代行省的划分原则

元代各行省的面积很大。而且,行省长官手握军政和财政大权,极易形成地方割据势力。为了解决这一隐忧，元代行省的划分，背弃了中国古代一直沿用的“山川形便”原则，转而采用“犬牙相入”“以北制南”的方针。

所谓“山川形便”，是以天然山川作为行政区划的边界，使行政区划与自然地理区划相一致。历史上，秦岭、淮河、南岭、太行山、祁连山等,都曾是划分行政区的标志性界线。这样做的好处是,行政区域与自然地理区域一致，区域内气候、地貌相似，且没有山川阻隔，内部经济、文化交流方便，居民文化传统、生活习俗相近。但是，这种划分方式容易形成地方割据势力。

元朝为了加强中央对地方的控制，打破了自然地理界线，人为地制造相邻省份间犬牙交错和以北制南的局面。例如，湖广行省以湖南、湖北为主体而又越过了南岭兼有广西，江西行省越过南岭拥有广东，江浙行省从江南平原一直绵延到福建山地，陕西行省越过秦岭而拥有汉中盆地。

元朝行省制度的确立，是中国地方行政制度的一项重大变革。它的实施加强了中央对地方的管理，在一定程度上巩固了元朝的统治。

045 谁是“元曲四大家”？

关汉卿、马致远、郑光祖、白朴是元代著名的杂剧作家，又称“关马郑白”。元代周德清在《中原音韵》中第一次称他们为“元曲四大家”。

关汉卿

关汉卿号已斋叟，大都（今北京市）人。他的生年约在金末，卒于元。元钟嗣成的《录鬼簿》记载关汉卿曾任太医院尹。他的杂剧今知六十余种，现存《窦娥冤》《救风尘》《拜月亭》等十多种。他的戏曲作品题材广泛，内容丰富，多方面地揭示了金元时代的社会现实，表现了古代人民特别是青年妇女的苦难遭遇和斗争精神，塑造了窦娥、赵盼儿、王瑞兰等多种典型的妇女形象。

《窦娥冤》的全名是《感天动地窦娥冤》。在这部剧中，寡妇窦娥受流氓张驴儿迫害，并被张诬控杀人。官府判窦娥死刑，她临刑时指天为誓：死后必血溅白练、六月降雪、大旱三年，以白己冤。这些誓愿全部应验。后来，窦娥的父亲为官，为窦娥昭雪。

马致远

马致远号东篱，一说字千里，大都（今北京市）人。他曾任江浙行省官吏。马致远的戏曲创作以格调飘洒脱俗，语言典雅清丽著称。他的神仙道化剧在元明杂剧中颇有影响。他的杂剧今知十五种，存《汉宫秋》《荐福碑》《岳阳楼》等七种。

《汉宫秋》的全名是《破幽梦孤雁汉宫秋》。在剧中，西汉元帝受匈奴威胁，被迫送爱妃王昭君出塞和亲。剧本着重刻画将相的怯懦自私，对元帝则予以同情，描写他同昭君分离时的痛苦，最后以元帝思念昭君入梦，醒后听到孤雁哀鸣结尾。

马致远故居

郑光祖

郑光祖字德辉，平阳襄陵（今山西省襄汾县西北）人。他曾任杭州路吏。郑光祖善作曲，名闻天下，人称“郑老先生”。他的杂剧今知十八种，存《倩女离魂》《王粲登楼》等五种。

《倩女离魂》的全名是《迷青琐倩女离魂》。这部剧取材于唐陈玄祐的传奇小说《离魂记》。在剧中，张倩女与王文举相爱，为母阻挠，文举被迫进京赴考，倩女思念文举而魂魄离躯，赶上文举后，双方结为夫妇。

白朴

白朴字仁甫、太素，号兰谷先生，隩州（今山西省河曲县）人。他的杂剧今知十六种，存《墙头马上》《梧桐雨》《东墙记》三种。

《墙头马上》的全名是《裴少俊墙头马上》。在剧中，李千金同裴少俊相爱而私自结合。他们匿居裴家花园七年，并育有子女。后来，他们被裴父发现，裴父强令少俊休妻。少俊赴考得官，裴父到李千金处赔礼，少俊方与李千金重圆。剧本情节脱胎于白居易新乐府《井底引银瓶》，塑造了一个敢于反抗封建礼教的妇女形象。

046 朱元璋是如何建立明朝的？

朱元璋出身贫民，为了生活曾四处乞讨，却最终建立了大明王朝。那么，他是怎么做到的呢？

早年生活

朱元璋，幼名重八，又名兴宗，后改名元璋，字国瑞，濠州钟离（今安徽省凤阳县东北）人。十七岁时，家乡大旱，又发生了瘟疫，朱元璋的父母与长兄都染病而亡。他无依无靠，只得入皇觉寺为僧。不久，寺院关闭，朱元璋便到处游走，以乞讨为生。

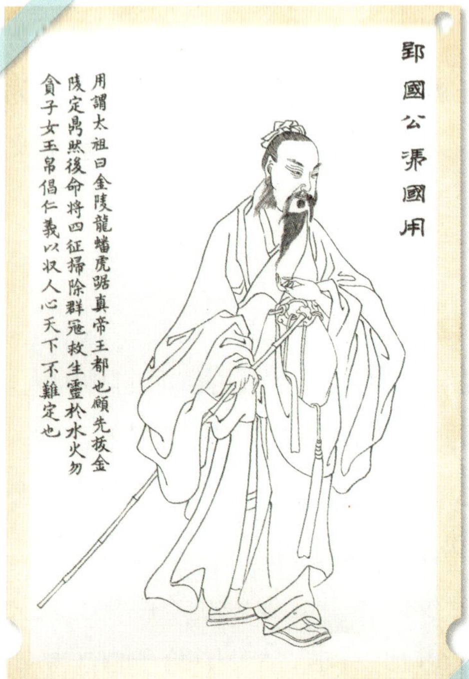

冯国用像

从参军到建军

至正十一年（1351年），因黄河连年决口，元政府征发十三路民夫修治黄河。北方白莲教首领韩山童及其门徒刘福通等趁机进行反元宣传，鼓动河工发动起义。消息泄露，韩山童被捕牺牲，刘福通率众突围，组建北方红巾军，点燃了元末农民大起义的烈火。

至正十二年（1352年），定远（治今安徽省定远县东南）人郭子兴起兵响应，攻占濠州

（治今安徽省凤阳县东北）。朱元璋前往投奔，因智勇过人，被郭子兴收为心腹。他还娶了郭子兴的养女马氏。

此后，朱元璋在濠州一带吸收农夫入伍，并收编了几支地主武装，严加训练，培养了一批心腹骨干和一支数万人的精兵。在攻占定远等地的过程中，朱元璋开始吸收冯国用、冯胜、李善长等一批下层士子，用为谋士、顾问，并采纳他们的建议，定下先取集庆（治今江苏省南京市）以为根本，然后谋取天下的战略目标。

至正十五年（1355 年），刘福通拥立韩山童之子韩林儿为小明王，建立以宋为国号的农民起义政权。不久，郭子兴病故，朱元璋代领其部，被小明王授为左副元帅。

从攻占集庆到建立明朝

至正十六年（1356 年），朱元璋打下了集庆，改集庆为应天府。从此，朱元璋以应天府为根据地，开始了统一天下的进程。此后十余年，他消灭陈友谅、张士诚等敌对势力，还以迎小明王赴应天为名，在途中将其暗杀。

明太祖像

1368 年，朱元璋称帝，建立明朝，年号洪武，定都应天府，史称他为明太祖。同年七月，朱元璋手下的大将徐达率领北伐大军，逼近大都（今北京市），元顺帝仓皇出逃，元朝灭亡。

047 朱元璋为什么废除丞相制度？

洪武十三年（1380 年），明太祖朱元璋以谋反罪诛杀丞相胡惟庸，接着废除了丞相制度和中书省，六部直接向皇帝负责。

皇权、相权之争

战国时代，秦国始置丞相一职。前 221 年，秦始皇统一六国，建立秦朝，并继承了秦国的丞相制度。此后，这一制度又存在了上千年。

秦始皇像

丞相作为中央行政机构的首脑，总领百官，协助皇帝处理政务。不过，作为中国古代君主之下的最高行政长官，丞相是王朝政治中的二号人物，对君权构成了现实威胁。一旦皇帝昏聩无能，或耽于享乐，就给丞相提供了专权之机。

历代皇帝削弱相权的措施

历代皇帝总是想方设法地削弱相权，以保证皇权的稳固。

西汉时期，汉武帝为加强皇权，命自己的近臣（侍中、常侍、给事中、尚书等）组成“内朝”（或称“中朝”），来削弱以丞相为首的“外朝”的权力。隋唐时，中央实行“三省制”，三省鼎立，共议国政，执行丞相职能。北宋时，中央采用的是以丞相为首的宰辅集体领导制度。换言之，执政者是一个领导集体，丞相无法在军国大事上搞一言堂。

废除丞相制度

汉武帝像

尽管历代王朝都对相权采取了限制、削弱、分割的措施，但并没有从根本上解决问题。因为相权的存在就是一个对皇权的潜在威胁。它必然会不断地寻找时机和缺口，以增强同皇权抗衡的力量。明代初年，发生了“胡惟庸案”。胡惟庸担任丞相一职后，颇受皇帝宠任。他得意忘形，独专生杀黜陟之权，文武之臣，多奔走其门下。对此，朱元璋感到如芒在背，于是他杀掉胡惟庸，并借机废除了丞相制度。

048 什么是厂卫特务机构？

明代有东厂、西厂与锦衣卫。三者同为特务机构，关系亦密切，故常合称为“厂卫”。

厂卫机构的建立及发展

锦衣卫亦称“锦衣亲军都指挥使司”，成立于明洪武十五年（1382年）。锦衣卫原为护卫皇宫的亲军，掌管皇帝出入仪仗。朱元璋特令锦衣卫兼管刑狱，赋予其巡察缉捕的权力。东厂是宦官侦缉机构，始置于明成祖朱棣当政的前期，但秘而不宣。永乐十八年（1420年），它在京师东安门北正式建官衙，始公开活动。东厂从事特务活动，凡事可直接报告皇帝，权力在锦衣卫之上。西厂也是宦官侦缉机构。成化十三年（1477年），朝廷在东厂以外增设西厂。西厂随意侦伺官民隐事，有生杀之权。后来，西厂因遭到反对而被撤销。武宗时，宦官刘瑾专权，西厂一度被恢复，刘瑾死后又被废。东厂和锦衣卫一直存在，明亡方废。

明成祖像

厂卫机构的影响

厂卫是明代独创的机构，

东安门遗址

是凌驾于法律和司法机关之上的直接从事镇压的工具。它的权力非常广泛，包括侦查权、部分司法权、部分军权和某些监察权等。它直接服务于皇权，把皇帝的统治触角延伸到社会的各个方面。

厂卫作为明王朝推行的特务制度，是对明代基本政治制度的补充，它的实行具有一定的合理性，加强了皇帝对中央和地方的控制。明王朝可以通过厂卫机构直接行使对臣民的司法审判，强化了皇帝对文武百官和平民百姓的威慑力。厂卫创造的严密监察体系对遏制官员的腐败也起到了一定的作用。

当然，厂卫制度的负面影响是居于主导地位的。首先，厂卫干预了司法机构独立行使司法权。厂卫有侦缉、审判、关押、刑讯的司法大权，严重破坏了国家的正常法制秩序。其次，厂卫机构滥用刑罚，实行恐怖统治。因此，厂卫的存在，激化了明代的社会矛盾，加速了社会危机的爆发。

049 清代有哪些重大的文字狱？

所谓“文字狱”，即旧时统治者从文人作品中断章取义地摘取字句、罗织罪名所造成的冤狱。文字狱历代皆有，尤以清雍正、乾隆两朝为甚，其刑罚残酷，株连众多。

清代文字狱的特点

一、从文字狱的次数和规模来看，爆发的频率越来越高。康熙朝（1662—1722 年）的 61 年间，文字狱不超过 10 起。然而，到了雍正朝（1723—1735 年），13 年内的文字狱达 27 起。乾隆皇帝统治的 63 年间更是达到 130 起以上。

二、从文字狱的“罪状”来看，文禁越来越严，文网越来越密。文人在遣词造句时稍有不慎，便会触犯禁忌，身陷囹圄。

三、从罹罪者的身份来看，范围越来越广。康雍时期，罹罪者多是官僚、乡绅、名士，乾隆时期则祸及粗通文墨的社会下层。

清代文字狱影响大者，有康熙年间的《明史》案、《南山集》案和雍正年间的曾静案。

《明史》案

浙江湖州（今浙江省湖州市）富人庄廷鑨招集学人编辑《明史》，称努尔哈赤为“建州都督”，不书清帝年号，而书“隆武”“永历”等南明年号。康熙初，庄廷鑨被人告发，当时他已死，被戮尸，庄氏家属和为书作序、校阅、买书、卖书、刻字、印刷的人，以及地方官吏，分别被处死刑或流放。

《南山集》案

戴名世（1653—1713 年），字田有，号忧庵，人称潜虚先生。他留心明代史事，访问遗老，考订野史，准备成书。康熙四十一年（1702 年），他的《南山集》面世，其中多采方孝标《滇黔纪闻》所载南明永历朝史事。《南山集》中的《与余生书》用“弘光”“永历”等南明年号。康熙五十年（1711 年），都御史赵申乔奏劾《南山集》语悖逆，于是朝廷兴大狱。康熙五十二年（1713 年），《南山集》案结案，戴名世以“大逆”罪被杀。当时，方孝标已死，被剖棺戮尸，家属被处充军。方苞为《南山集》作序，被下狱。刊刻、发售者均获罪。

曾静案

曾静是康熙朝秀才，因读吕留良遗著，深受“华夷之辨”、反清复明思想的影响，所以反对清朝统治。雍正六年（1728 年），他命弟子张熙投书川陕总督岳钟琪，劝其举兵反清，被岳告发下狱，其供词涉及民间流传的雍正帝篡权夺位之说。雍正十年（1732 年），朝廷结案，将吕留良开棺戮尸，又焚毁其著述，吕留良的子孙、门徒均受牵连。曾静被免罪释归。然而，乾隆帝即位后，曾静与张熙仍被捕杀。

乾隆帝像

050 《红楼梦》在中国文学史上的地位如何？

《红楼梦》是四大名著之一，也是明清小说的代表作之一，历来广为流传。那么，放眼中国文学史，这本书有什么样的地位呢？

曹雪芹的生平

《红楼梦》的作者是曹雪芹。曹雪芹，名霑，字梦阮，号雪芹、芹圃、芹溪。自他的曾祖曹玺起，曹家三代任江宁织造，祖父曹寅尤为康熙帝所信重。至雍正初年，受朝中政治斗争牵连，他的父亲曹頫被免职，家产被抄没，全家被迫迁居北京（今北京市）。曹雪芹生于南京（今江苏省南京市），早年间经历了一段富贵繁华的生活，受过良好的文化艺术教育，北迁后家道中落。晚年，他和家人居住在北京西郊，因爱子夭折感伤成疾，年未五十而卒。

《红楼梦》

《红楼梦》原名《石头记》，是长篇小说，成于清乾隆年间。这本书共一百二十回，前八十回系曹雪芹原笔，后四十回一般认为系高鹗续成。曹雪芹写的部分在撰写、修改过程中就以抄本流传于世。乾隆五十六年（1791 年），程伟元等将前八十回加以修改，与后四十回续稿合为一书，以活字版排印（即“程甲本”），从此一百二十回本开始流行。

《红楼梦》以新颖进步的思想内容和高度的艺术创新精神，打破了传统的思想和写作方法，在思想性和艺术性上取得了极高的成就，达到了中国古代长篇小说写实主义的高峰。小说以贾、王、史、薛四大家族的兴衰为背景，以贾宝玉、林黛玉的爱情悲剧为主线，以一系列少女的悲惨命运为中心，以荣、宁两府的复杂生活为基础，描写了封建社会的各个阶层，触及了当时的政治、经济、法律、文化、教育、宗教、婚姻、妇女等各方面错综复杂的矛盾冲突，揭露了封建制度的腐朽黑暗。小说以精雕细琢的笔触，刻画了贾宝玉、林黛玉、王熙凤、薛宝钗、尤三姐、晴雯等许多具有鲜明个性的艺术形象。小说的语言是我国历代小说中最成熟、最优美的，洗练而自然，朴素而多彩，准确而传神，达到了炉火纯青的境界。

位于北京的曹雪芹故居纪念馆

051 清朝是如何巩固西北边疆的?

为了国家统一，清朝与西北边疆的分裂势力进行了长期斗争。那么，清朝是如何巩固西北边疆的呢?

乌兰布通之战与昭莫多之战

汉代以后，玉门关、阳关以西，葱岭以东的地区被称为“西域”。汉武帝时，张骞初通西域，汉宣帝始置西域都护。唐在西域设安西、北庭二都护。之后各代，中原与西域也在政治、经济、文化上有不可分割的密切关系。

清康熙年间，卫拉特蒙古准噶尔部首领噶尔丹为实现统治蒙古诸部、割据西北的政治野心，于康熙二十七年（1688 年）进攻喀尔喀蒙古，并借口追击土谢图汗部余众，进军内蒙古高原，与清政府发生直接军事冲突。

康熙帝像

为确保京师（今北京市）安全和边疆安定，康熙帝决定御驾亲征。在乌兰布通（今内蒙古自治区克什克腾旗境内），两军交战，噶尔丹的“驼城”战术失败，仅率数千人逃往科布多（治今蒙古国西部科布多省省会科布多），企图东山再起。康熙三十四年（1695 年），噶尔丹又率骑兵三万，由科布多东犯克鲁伦河以北地区。康熙三十五年（1696 年），康熙帝发兵十万，分三路出击。费扬古统领的西路清军在昭莫多（今蒙古国乌兰巴托东南）与噶尔丹主力军相遇。在清军的攻击下，噶尔丹军大败。噶尔丹率残部仓皇西逃。次年三月，噶尔丹暴病而亡。

平灭准噶尔叛乱

继噶尔丹为准噶尔部首领的策妄阿拉布坦，也曾扰乱西北边疆的安宁。康熙五十六年（1717 年），策妄阿拉布坦令大策凌敦多布率兵攻入西藏。由于受到藏族人民的强烈反对及清军打击，大策凌敦多布率残部撤离。

雍正五年（1727 年），策妄阿拉布坦死，其子噶尔丹策零继位。乾隆十年（1745 年），噶尔丹策零死，准噶尔部上层贵族为争夺汗位，发生内讧。乾隆十七年（1752 年），达瓦齐在阿睦尔撒纳支持下夺取了统治权，不久两人又发生火并。乾隆十九年（1754 年），阿睦尔撒纳兵败，率部投清。乾隆二十年（1755 年），清军进击准噶尔军，达瓦齐在逃跑途中被擒获。同年，阿睦尔撒纳发动叛乱。乾隆二十二年（1757 年），阿睦尔撒纳被清军击溃，逃入俄境。

新疆省成立

阿睦尔撒纳失败后，大小和卓趁机叛乱。乾隆二十四年（1759 年），清政府派兵镇压，很快打败了大小和卓。此后，清政府对西域实行了更加系统的治理政策。乾隆二十七年（1762 年），清政府设立伊犁将军，实行军府体制。光绪十年（1884 年），清政府在西域建省，并取“故土新归”之意，改称西域为“新疆”。

052 马戛尔尼访华的成果如何？

清乾隆帝时，英国使者马戛尔尼访华。按照清朝礼制，外国使者要和清朝大臣一样，向皇帝三拜九叩，行跪拜礼。马戛尔尼是否这么做了呢？此次访问的成果如何呢？

马戛尔尼使团来访

1792 年 9 月，英国的马戛尔尼使团从朴次茅斯港（在今英国朴次茅斯）出发，以祝贺乾隆帝八十寿辰为名前往中国。英方希望，通过此次访问，改变中英贸易体制，扩大通商，建立中英间经常的外交联系。从英国到中国的航程遥远，在海上漂泊了大半年，马戛尔尼使团终于在 1793 年 6 月到达中国。

马戛尔尼来访的消息传到清廷，乾隆十分高兴，他下令各地官员热烈欢迎远道而来的客人，给使团送去了猪、牛、羊、鸡、鸭、面粉、茶叶、蔬菜、瓜果、酒类等。马戛尔尼使团从澳门（今广东省珠江口西侧）沿海北上，在天津（今天津市）登陆，经运河到北京（今北京市），随后赴热河（治今河北省承德市）觐见乾隆帝。

礼仪之争和通商之争

在马戛尔尼觐见皇帝前，清廷提出，外国使者必须向皇帝行三拜九叩之礼，马戛尔尼表示拒绝。他认为，自己作为独立主权国家的使者，不能行藩国之礼，仅答应施以觐见英王的礼仪，即单膝下跪。乾隆帝为此格外生气，便下令减少对使团的供给和赏赐。1793 年 9 月 14 日，乾隆帝在避暑山庄（今承德避暑山庄）的万树园会见了马戛尔尼。据说，为了让马戛尔尼下跪，乾隆帝请他欣赏戏剧《四海升平》，意在对他加以暗示。在这个剧里，中国文化中的文昌帝君、四海龙王、雷公、电母等轮番登场，最后收服了闹事的海龟。然而，马戛尔尼根本没看懂。据英方记载，马戛尔尼没有让步，坚持以英国礼仪参加祝寿活动。

在此访中，马戛尔尼还代表英国政府，向清廷提出通商要求：英国在北京开设洋行；英国人可在宁波（今浙江省宁波市）、舟山（今浙江省舟山市舟山岛）和天津等地通商；英国人可在舟山附近的一个小岛存放货物；中国在广州（今广东省广州市）附近划出一块地方，供英国商人使用等。乾隆逐一驳回了英国方面的各项要求。10 月 7 日，马戛尔尼带着乾隆帝给英王的信件，以及来自清廷的数量庞大的礼物，离开北京，返回英国。

英国人的意外收获

马戛尔尼使团访华的直接目的没有达到，却有意外的收获。在返程时，他们每到中国的一个地方，都认真考察其自然地理、交通和军队的情况，并记录了各地的民风、民俗等。例如，他们掌握了长城的城墙结构和设防的情况，记录了定海（今浙江省舟山市定海区）的地理状况、士兵人数和武器装备的情况。通过中国之行，马戛尔尼发现清朝的官员腐败不堪，百姓比较贫穷，军事装备十分陈旧，各地的城防意识薄弱等。

当乾隆为了礼仪之争而无法释怀时，马戛尔尼已经洞察到了大清国的不堪一击。40 多年后，大英帝国的坚船利炮打开了中国的大门，中国近代史的悲剧开始了。

053 虎门销烟的背景和意义是什么？

我们都知道，虎门销烟是林则徐主导的。那么，他为什么要销烟？虎门销烟的意义是什么？

林则徐及其时代

林则徐，1785 年生，福建侯官（今福建省福州市）人，于嘉庆年间考中进士，随即开始了宦海生涯。任东河河道总督时，林则徐尽力修治黄河。后来，他又担任江苏巡抚、湖广总督。

林则徐生活的年代，距清朝立国已过去了一百余年。这时，康乾盛世早已结束，清朝走上了腐朽没落之路。与此形成鲜明对比的是，英国资本主义崛起，需要为本国商品开辟海外市场，英国人便把目光投向了幅员辽阔、人口众多的中国。长期以来，英国在对华贸易中处于逆差地位，未能有效打开中国市场。为了扭转局面，英国决定向中国输出一种神秘而罪恶的商品——鸦片。

鸦片，俗称“大烟”，属于毒品。长期吸食鸦片的人会上瘾，变得面黄肌瘦、有气无力，成为如行尸走肉般的“大烟鬼”。随着鸦片的输入，清朝不断有官僚、贵族成瘾，一些下层的士兵、普通劳动者也染上了吸食鸦片的恶习。鸦片的输入不但败坏了社会风气，严重危害了中国人的身体健康，还导致大量白银源源不断地流向英国，中国在双边贸易中由顺差转为逆差。

虎门销烟

面对这种情况，道光帝决定禁烟。当时，林则徐在湖广总督任内，他严厉禁烟，成效卓著，是“禁烟派”的代表人物。道光帝看重他的成功经验，便任命他为钦差大臣，令他赶赴广州（今广东省广州市）查禁鸦片。1839 年 3 月，林则徐经长途跋涉，到达广州。到广州后，他就贴出查禁鸦片的告示，还向外国鸦片贩子表达了禁烟到底的决心。

面对林则徐的强硬态度，有的鸦片贩子认为，林则徐只是说说而已，过几天就没事了。也有的鸦片贩子说，林则徐只不过是想借机捞钱。以往，他们总是通过行贿维持自己的非法生意。这一次，他们认为，林则徐和其他官员一样贪财，只要送上一大笔银子，便会大事化小，小事化了。所以，贩子们根本无视中国法令，不肯把鸦片缴出来。更有甚者，英国驻华商务监督义律下令停在近海的英国船只做好战斗准备，妄图用武力抗拒林则徐的查禁措施。

见此情况，林则徐下达命令：派人将义律所在的商馆围住，断绝其与外界的联系。不久，由于水、粮等生活物资耗尽，义律只得服软，被迫缴出鸦片。此后，其他鸦片贩子也陆续上缴鸦片。最终，林则徐共缴获鸦片 237 万余斤。

1839 年 6 月 3 日，历史将永远记住这个伟大的日子。一声号炮划破长空后，震惊中外的虎门销烟开始了。林则徐亲临虎门海滩，要亲眼见证执法的过程。只见数百名士兵、民夫，把一箱箱鸦片倒进海边两个大池中，再与盐卤、石灰搅拌。霎时，池子里沸腾起来，黑色的鸦片上下翻滚，化成白色的浓烟，并徐徐升入空中。退潮时，被销毁的鸦片随潮水进入茫茫大海。销烟活动持续了 23 天，截至 6 月 25 日，林则徐缴获的鸦片被尽数销毁。林则徐领导的虎门销烟，打击了外国鸦片贩子的嚣张气焰，显示了中国人民不甘屈辱的民族气节。

中國人民抗日戰爭紀念館
中国人民抗日战争胜利74周年
1937.7.7
中国人民抗日战争全面爆发
纪念地
Memorial Site of Full Outbreak of the

近代卷

鸦片战争—人民解放战争

054 在鸦片战争中，关天培有哪些英雄事迹？

鸦片战争中，广东水师提督关天培决心以死报国。他曾向家人寄去一木盒，吩咐家人不得开视。他殉国后，家人打开木盒，发现其中仅有以下遗物：几枚脱落的牙齿和几件旧衣服。关天培还有哪些事迹？让我们走近这位英雄的不朽人生。

关天培与广东水师

关天培（1781—1841 年），字仲因，号滋圃，江苏山阳（今江苏省淮安市淮安区）人，清朝著名爱国将领、民族英雄。

关天培出身于一个行伍之家。23 岁那年，他通过考试，成为武庠生（军事学校的学生）。进入军队后，他办事认真，才能出众，不断得到提拔。1834 年，关天培晋升为广东水师提督。

当时，英国商船经常出入中国领海，向中国走私鸦片，还企图搞军事入侵，海防形势十分严峻。通过勘察地形，关天培认为要保住广州首先要守住虎门。他在虎门改建并增设炮台，大量添置大炮。他还根据实战的需要，训练水师，强化军队的战斗力，研究攻守策略，绘制各炮台的形势位置图和攻守策应图，让将士们熟记在心。经过关天培的不懈努力，广东水师逐渐具备了很强的战斗力，虎门要塞成为广州沿海一带坚固的防御阵地。

形势危急

林则徐虎门销烟后，英军不断制造事端。因广州防守严密，英军遂沿海岸线北上，先后进攻厦门（今福建省厦门市）、定海

（今浙江省舟山市定海区），并直逼天津（今天津市），北京（今北京市）震动。直隶总督琦善趁此机会，将英军进逼天津的责任全部推到林则徐身上。于是，形势急转直下。主战派林则徐被撤职，琦善任钦差大臣，来到广州。琦善一上任，就下令裁减水师兵船，遣散从民间招募的水兵，还拆除了若干军事防御设施。至此，关天培多年经营的虎门防线遭到了严重破坏。他心中又急又恨，多次请求重建海防，增兵虎门，都遭到拒绝。

关天培殉国

1841 年 1 月，英军突然发动进攻。因众寡势殊，虎门外的沙角、大角两炮台失守，守将陈连升战死。

虎门失去屏障，关天培只得向琦善求援。琦善手中握有大军，却坐视不救，导致关天培落入孤军奋战的绝境。但是，关天培并未气馁，而是变卖了衣物，将换来的钱发给士兵做安家费，以此鼓舞士气。

2 月 26 日，英军集中火力，猛攻虎门诸炮台，守军死伤大半。关天培负伤多处，仍镇定指挥，还代替牺牲的炮手，亲自燃放大炮。战斗持续到傍晚，炮台被围。在炮火的掩护下，英军攻上炮台。关天培身负重伤，血透衣甲。他挥舞佩刀，把冲上炮台的敌人劈了下去。忽然，敌人从他背后开枪，他身中数弹，壮烈牺牲，与他并肩作战的游击麦廷章和大部分士兵也英勇战死。

战后，部下找到关天培的遗体。当时，他的全身已被炮火烧焦，身下的土地一片殷红。人们为他修建了祠堂，表达对这位英勇不屈的爱国将领的深切怀念。

055 魏源的《海国图志》讲了什么？

中国近代有一本书，专门介绍西方文明。这本书没有得到清朝统治者的重视。然而，它传到日本后，却受到了日本人的关注。这本书就是魏源的《海国图志》。

科举之路

魏源（1794—1857 年），清末思想家、史学家、文学家，出生在湖南邵阳（今湖南省邵阳市）。

小时候，魏源读经学史，常至深夜。白天，他在私塾随同先生诵读诗书。夜晚，温习了功课，他还要找其他书来读。不知多少次，他不知不觉地学习到天亮。母亲发现了，怕他累坏身体，总是先等他熄灯睡觉后，自己才去歇息。可是，魏源并未真的入睡。他每次都等母亲入睡后，再悄悄地点起油灯，继续学习。

1822 年，魏源中举。他以天下为己任，讲求经世之学，力图以之谋求国富民强之路，从而成为晚清学术的开风气者。魏源论学，以“通经致用”为宗旨，对于充斥朝野的考据学风和理学的性理空谈，皆加贬斥。这种思想，不为时人所接受，故他中举后多次参加会试，却总是名落孙山。直到 1845 年，魏源才考中进士。

《海国图志》

魏源忧国忧民，与林则徐志趣相投。鸦片战争爆发后，英军进犯浙江（治今浙江省杭州市）。这时，林则徐推荐他做两江总督裕谦的幕僚。在林则徐被遣戍新疆（治今新疆维吾尔自治区霍城县）之际，他把从海外书报上译辑的材料交给魏源，希望他能编写一本介绍外国情况的书，开阔国人的眼界，探索御侮之道。

国门被英军打开后，魏源认识到，清朝一方面要应对危局，坚决抵抗来犯之敌。另一方面，上层要顺应世界发展的大势，从国际格局出发，思考治理国家的方略。他认为，“师夷技收夷用”才是最好的救国药方。在林则徐《四洲志》等资料的基础上，魏源编成了《海国图志》五十卷，后又将其增补为百卷本。

《海国图志》的内容涉及世界地理、历史、政治、经济、宗教、历法、文化、物产等方面，对西方先进技术做了详尽的介绍，比如火轮船、地雷、水雷、望远镜等的制造、使用方法。所附地图，在编制方法上，完全脱离了中国传统的计里画方之法，采用了经纬度制图法。

在《海国图志》中，魏源主张“师夷之长技以制夷”。所谓“师夷”，主要是指学习西方资本主义各国在军事技术上的长处。魏源说：“夷之长技三：一战舰，二火器，三养兵练兵之法。”他不仅希望从西洋购买船炮，更强调引进西方的先进工业技术。在此基础上，中国人可以制造自己的船炮。所谓“制夷”，是指抵抗侵略、克敌制胜。在魏源看来，只要学习西方的先进技术，就能实现富国强兵的目标。假以时日，一个崭新的中国一定会出现在世界的东方。

影响日本

1851年，一艘中国商船驶入日本长崎港（在今日本长崎）。在船上检查违禁物品时，当地的海关官员翻出三部《海国图志》。后来，日本开展明治维新，走上自强之路，是从《海国图志》中获取过思想养分的。

056 为什么说《南京条约》改变了中国的命运？

清朝以天朝上国自居，视洋人为夷狄。通过鸦片战争，英国令清朝统治者从骄傲自大的迷梦中惊醒。战后，英国强迫中国签订了《南京条约》。那么，这一条约对中国产生了什么影响呢？

清军屡战屡败

自鸦片战争爆发以来，爱国官兵和中国人民进行英勇抗争，打击了英国侵略者。然而，随着战争的发展，清政府逐渐落入被动挨打的境地。

琦善取代了林则徐，到任广州（今广东省广州市），并和英国代表义律进行了多次谈判。英国采取“边打边谈”的策略，企图用战场上的优势迫使琦善就范。1841 年 1 月，英军攻占沙角炮台和大角炮台后，义律以公告的形式单方面抛出“停战协定”，即《穿鼻草约》，其主要内容包括：英国割占香港本岛，清政府赔偿英国六百万银元等。此前，琦善曾答应赔款，但拒绝割地。然而，在公告发布后，英国即强占了香港岛。道光帝闻讯，决定对英宣战，并将琦善革职问罪。

然而，英国政府并不满足于《穿鼻草约》的条件，便以璞鼎查代替义律，并进一步扩大侵华战争。8 月，英军侵占厦门（今福建省厦门市）。10 月，定海（今浙江省舟山市定海区）失陷。定海守将葛云飞等率领守军与敌人激战六昼夜，最后英勇牺牲。同月，在镇海（今浙江省宁波市镇海区）战役中，两江总督裕谦力战不支，投水殉难。

清军屡战屡败，道光皇帝派宗室奕经反攻镇海、定海等地，未能奏效。

1842 年 6 月，英军侵犯长江。在吴淞（今上海市黄浦江入长江之口）炮台，江南提督陈化成英勇抗敌，以身殉国。7 月，英军进犯镇江（今江苏省镇江市），清军将领海龄率领守城士兵奋起抵抗，打死、打伤敌军一百六十余人，但因敌我力量悬殊，镇江失守，海龄自缢殉难。

清政府被迫签订《南京条约》

8 月，英军进犯南京（今江苏省南京市），迫使清政府议和。29 日，双方签订和议，史称《南京条约》。清宗室耆英、伊里布代表清政府在条约上签名，璞鼎查代表英国在条约上签名。随后，舱内、舱外的英国人发出了一阵欢呼声。

《南京条约》的签订标志鸦片战争的结束，这是中国近代史上第一个不平等条约。条约规定：

一、中国向英国赔款 2100 万银元；

二、中国向英国割让香港岛；

三、中国开放广州、厦门、福州（今福建省福州市）、宁波（今浙江省宁波市）、上海（今上海市）为通商口岸；

四、英商进出口货物应纳税款，必须经过双方协议。

《南京条约》破坏了中国的领土完整和关税主权，使中国开始沦为半殖民地半封建社会，这也成为中国近代史的开端。

057 火烧圆明园的两个“强盗”分别是谁？

1860年的一天，北京西郊大火冲天，举世闻名的圆明园在两个“强盗”点燃的大火中毁于一旦，仅剩残垣断壁。那么，这两个“强盗”分别是谁呢？

万园之园

圆明园是清朝统治者的皇家园林。作为皇帝办公和休息的地方，它包括圆明、长春、绮春三园。圆明园规模庞大，气势恢宏，融合了东西方建筑风格，被称为“万园之园”。

每当盛夏，清朝皇帝就会来这里暂住，所以当时的圆明园也被称为“夏宫”。康熙年间，圆明园工程启动，经清代多个皇帝不断扩建，最终有了这样一座宏伟壮丽的皇家园林。作为御用园林，圆明园内还藏有价值连城的奇珍异宝、极其珍贵的文献典籍和书法绘画精品，所以这座园林的总价值更是无法估量。

火烧圆明园

1856年，第二次鸦片战争爆发。1860年，英法联军两万多人占领天津（今天津市），并向北京（今北京市）推进。咸丰帝惊慌失措，带着皇后、贵妃和大批官员仓皇逃往承德（今河北省承德市），还命他的弟弟恭亲王奕䜣留在北京，与英法侵略者谈判。

英法联军到北京后，以为咸丰皇帝住在圆明园，便绕过北京城的安定门、德胜门，直接占领海淀地区，然后继续向圆明园进兵。到了圆明园，面对无数的珍宝，他们都惊呆了，军官率先抢劫，然后任由士兵肆意抢掠。

这群强盗拿的拿，扛的扛，忙得手脚都不够用。有的人把绸缎和刺绣当包袱，在其中装满财宝；有的人把成串的珍珠挂在脖子上，把宝瓶套在脑袋上；有的人把东西叼在嘴上。对于拿不动的珍贵物品，这群人则发疯似的连砸带砍……

一连几天，侵略者把圆明园能抢的都抢走了，能砸的也都砸坏了，但他们仍不满足。为了抹掉罪恶的痕迹，他们便在圆明园各处放火。

第二次鸦片战争形势图

伴随着侵略者凶残的狂笑，圆明园顷刻之间被烈火吞噬。黑色的浓烟遮天蔽日，一片片花木化成了灰烬，庄严华贵的宫殿和优美玲珑的亭榭变成一堆堆焦土和残砖破瓦，这一辉煌壮丽的建筑群从此几乎消失了！

今天，当我们漫步在圆明园遗址中时，已看不到它昔日的风采，只剩下乱石孤柱向人们诉说着百余年前英法联军的罪恶。

058 谁是龙旗下的“局外人”？

曾有一个自称“局外人”的英国人，他执掌中国海关近半个世纪。那么，这个“局外人”是谁呢？他在龙旗下做过什么事情呢？

赫德的早期生涯

1835年，赫德出生于英国北爱尔兰。1853年，他从女王大学毕业。两次鸦片战争后，随着英国侵略的脚步，许多英国人漂洋过海，来到中国“淘金”。在这一潮流中，赫德考取了外交人员资格，乘坐一艘轮船来到中国。

1854年，赫德到达香港岛。当时，那里已是英国的殖民地。在香港，他接受了一段短暂的翻译培训，就被派往宁波（今浙江省宁波市），担任英国驻宁波领事馆的翻译。然而，赫德的汉语水平实在有限，所以他不得不将工资中的很大一部分拿出来，请人为自己上汉语课。不久，赫德的汉语就有明显进步，他甚至能津津有味地看《红楼梦》。

赫德就任清朝海关总税务司

后来，赫德调任广州（今广东省广州市）粤海关副税务司。1863年，赫德被任命为清朝海关总税务司。海关是一个国家的经济命脉所在。1859年，清廷设总税务司署，掌管全国关税征收及海关官员任免等事务，以总税务司为主管官员，各口海关设税务司一人。起初，总税务司由两江总督何桂清委托英国人李泰国担任，后来赫德继任总税务司，其对这一职位的把持近半个世纪。

作为一个“局外人”，赫德在日记中表达了面对东方古老帝国时的“雄心”：他要将中国变为近代化国家。赫德任职总税务司之后，发现晚清的海关官员十分腐败，大官大贪，小官小贪。赫德大刀阔斧地整顿海关，根据一定规则核定海关官员的工资。在赫德的治理下，海关成为清政府较廉洁的衙门。

赫德还大力倡导中国学习西方。他创建了中国的邮政系统，还协助清廷购置外国军舰。1866 年，赫德向总理衙门呈递了洋洋四千余字的文章，名曰《局外旁观论》。在文中，他以一个“局外人”的视角，评述中国政局。赫德不但指出清朝积贫积弱的实情，更提出学习西方以自强的建议。该文旨在使清政府迅速理解并接受西方列强强加于中国的半殖民地国际地位，并在此基础上做些改良。

侵略者赫德

在一定程度上，赫德维护了清朝的利益。然而，在根本上，他仍是英国侵略中国的代理人，代表的始终是英国殖民者的立场。

1876 年，赫德配合英公使威妥玛迫使清政府签订《烟台条约》。中法战争期间，他又暗助法国逼迫清政府签订《中法新约》。

1901 年，清廷与西方列强签订《辛丑条约》，条约规定清廷向列强赔款四亿五千万两白银。这一条约是赫德支持列强对清政府进行胁迫的结果。

1908 年，73 岁高龄的总税务司赫德因病返回英国治疗。三年后，这位清朝龙旗下的“局外人”在英国病逝。

059 谁造出了中国第一艘蒸汽轮船？

在中国近代科学史上，有一个人经过自学，成为清末科学界的领军人物。他造出了中国第一艘蒸汽轮船，让民众认识了科学技术的力量。这位科技奇才是谁？他是如何成功的呢？

走向科学

1818 年，徐寿出生于江苏无锡（今江苏省无锡市）。他的父母早逝，为了谋生，他不得不放弃科举之路，一边务农、经商，一边转向经世致用之学。

徐寿嗜书如命，阅读面广。除了四书五经，他还涉猎数学、天文、物理、音律、医学、矿学等书籍。后来，徐寿遇到数学家华蘅芳，和他成为一生的挚友。

研制中国人自己的轮船

19 世纪中期，蒸汽轮船的发明让欧美航运业焕然一新。与此形成鲜明对照的是，当时中国的帆船还要靠人力和风力驱动。

面对差距，徐寿决心研制中国人自己的轮船。但是，他面临着较大的困难。

造轮船，首先要解决动力问题，即如何制造船用蒸汽机。除了《博物新编》和魏源的《海国图志》，徐寿的手头没有太多现成的资料。这样一来，考察进口轮船就成为他研究船用蒸汽机的重要途径。一有机会，徐寿就登上西方人制造的轮船。一段时间后，他已经对蒸汽机的设计、配置和运行有了深入了解。

为保险起见，徐寿决定先做一台模型机。随后，他和华蘅芳开始了艰苦的研制工作。又过了三个月，一台船用蒸汽机的模型机试制成功。

1862 年 7 月，徐寿和华蘅芳等将模型机试演给两江总督曾国藩及其幕僚。只见机器的阀门打开，活塞连杆摆动，带着飞轮迅速转动起来。在演示过程中，徐寿还向大家介绍了蒸汽机的结构和原理。曾国藩边听边问，不放过每个细节。听完了徐寿的解说，他大喜过望，并在当天的日记中骄傲地说“窃喜洋人之智巧，我中国人亦能为之”。

徐寿等人乘胜前进，正式开始研制轮船。1863 年，他们造出一艘木制小火轮，曾国藩亲自参加了试航。

“黄鹄号”

1865 年，徐寿制造完成了一艘新的木制蒸汽轮船。制造这艘轮船，除回转轴、烟囱和锅炉所需的钢铁来自进口外，其他一切工具和设备，完全用国产原料自己加工制造而成。这艘令中国人骄傲的轮船不久就迎来了它的试航仪式。

一天，南京（今江苏省南京市）的下关码头人头攒动，人们在等待一个激动人心的时刻。随着汽笛一声长鸣，一艘轮船缓缓驶离码头。轮船经过处，滚滚江水向两侧分开，白色的浪花在船尾翻腾。江边的人群一边眺望，一边兴奋地谈论、欢呼……

晚清著名的外交家曾纪泽为轮船取名“黄鹄号”，希望它像黄鹄一样翱翔于江海。

继“黄鹄号”之后，在徐寿、华蘅芳等人的设计和监制下，多艘兵舰陆续下水服役。从此，中国近代造船业开启了新的篇章。

060 左宗棠为何出征新疆?

1876 年的春天，一位年过花甲的老将军率领清军，浩浩荡荡地向新疆进发。这位老将就是陕甘总督左宗棠。左宗棠为何出征？战果如何?

新疆危机与清廷的对策

新疆地域广阔，自古以来就是我国领土神圣而不可分割的一部分。在中国近代史上，这里却经历了一段外族入侵、生灵涂炭的苦难岁月。

1865 年，中亚浩罕汗国首领阿古柏在英国的支持下率军入侵新疆，占据了天山南北的广大地区。1871 年，俄国又出兵侵占伊犁地区（今巴尔喀什湖以南的伊犁河流域和拜卡达姆以东的塔拉斯河、吹河、伊塞克湖流域），加紧与英国争夺中国西北边陲。战乱和奴役给新疆各族人民带来沉重的苦难，使原本物产丰饶、人民乐业的新疆变成了“人间地狱”。

左宗棠像

关于如何处理新疆危机，清政府上层分歧明显，争论激烈。当时，中国的西北陆疆、东南海疆同时告急。围绕“海防”和“塞防”，李鸿章等人认为，两者难以兼顾，主张放弃塞防，将有关经费用于海军建设。左宗棠表示反对，认为放弃塞防等于“自撤藩篱”，一定会导致英、俄的进一步渗透。

左宗棠的意见得到军机大臣文祥的支持。1875 年，清廷任命左宗棠为钦差大臣，督办新疆军务。

左宗棠收复新疆

根据敌情，左宗棠提出了“先北后南”“缓进急战”的战略方针。同时，他筹运粮饷，整顿军队，改善武器装备，加紧备战。1876 年 4 月，左宗棠率军离开兰州（今甘肃省兰州市），经河西走廊，来到了肃州（今甘肃省酒泉市）。

8 月，左宗棠派出主力部队，进军迪化（今新疆维吾尔自治区乌鲁木齐）。清军采取声东击西的战术，避开取水困难的大道，走敌虽严密防守却水源充足的小道，出其不意地收复了迪化。次年，清军南下，收复吐鲁番（今新疆维吾尔自治区吐鲁番市），打开了通往南疆的道路。阿古柏见大势已去，绝望自杀。

1877 年秋天，左宗棠决心收复南疆，命各路清军长驱直入。左宗棠进军新疆，受到当地各族人民的欢迎和支持。清军所到之处，人们纷纷献粮献马，充当向导，传递情报等。而且，各族人民还纷纷拿起武器，配合清军作战。1878 年 1 月，清军收复了除伊犁之外的新疆全境。

1881 年，中俄签订《伊犁条约》，中国成功收回了伊犁。

061 郭嵩焘怎样改变了西方人对中国的看法?

英国杂志《喷奇》曾刊出一幅漫画。在画中，清政府派出的驻英大臣成了一只留辫子的猴子，正与英国狮子对视。画中被嘲弄的官员是清朝第一位驻外使节郭嵩焘。面对怠慢和羞辱，郭嵩焘转变了西方人对中国的看法。他是怎么做到的?

顶着舆论压力出使英国

1875 年，英国驻华使馆的翻译马嘉理，擅自带领一队武装人员从缅甸闯入云南（治今云南省昆明市），且不听劝阻。当地百姓奋起抵抗，打死马嘉理，并把侵略者赶出云南。不久，英国公使威妥玛借此机会，强迫清廷签订了《烟台条约》。条约和后来的续增专条除规定通商、赔款等内容外，还要求清政府派钦差大臣去英国道歉，并由该大臣担任驻英大臣。

出国向洋人道歉，这可不是什么好差事！1876 年 12 月 2 日，年近六旬的清朝官员郭嵩焘在朝野的唾骂声中踏上了出洋之路。

驻外生涯

1877 年 1 月 21 日，中国使团到了伦敦（今英国伦敦）。同年，在清军收复新疆（治今新疆维吾尔自治区霍城县）前后，英国为挽救阿古柏政权，拟派出“驻喀什噶尔使臣”。身为驻外使节，郭嵩焘闻讯后立即提出抗议，指出英方向阿古柏政权派驻使臣是对中国主权的侵犯。最终，派驻使臣之事因阿古柏之死而化为泡影。

1878 年，郭嵩焘兼任驻法国大臣。作为驻英、法大臣，郭嵩焘抓住一切机会进行社会考察。在伦敦，他参观了雄伟的水晶宫。在巴黎（今法国巴黎），他与法国总统同行，参加万国博览会。此外，他还访问当地学校、图书馆、博物馆、天文台，深入地学习英、法的教育和文化制度。

令郭嵩焘最受震撼的是两次阅兵活动：随英国维多利亚女王检阅英国海军和陪同法国总统检阅法国陆军。通过这些活动，他目睹了当时世界上先进的海军和陆军。他的心中翻江倒海，久久难以平静。此后，他经常访问炮厂、船厂，参观洋枪博览会，亲自升炮、试射鱼雷，抓住机会求取西洋兵器的样式。

洋务派官员李鸿章曾给郭嵩焘写信，请他帮忙购置铁甲舰、水雷、枪支等，用于清朝海军建设。在协助购买军火的同时，郭嵩焘有了一些思考。他认为，单纯购买兵器、派人留洋，都不能解决根本问题。在他看来，洋务派"师夷长技"如瞎子摸象，只知其然而不知其所以然。因为，西洋军事强大的背后是制度、法律和学术的全面进步。他担心，清朝如果不奋起直追，面对的将是更加强大的西方国家，而清朝会变得越来越落后。

驻外期间，郭嵩焘让家人学外语，他还仿效西方礼俗，举办宴会，招待各国使节。他广交朋友，举止得体，在外交舞台上很受欢迎，就连苛刻的英国政治家都称赞他是"所见东方人中最有教养者"。然而，国内的保守派认为他的行为辱没了"天朝上国"的尊严。1879 年，郭嵩焘被清政府召回，结束了外交生涯。他回到了故乡湘阴（今湖南省湘阴县），直到离世。

在郭嵩焘生活的时代，他开展的外交活动一度不被理解，甚至饱受诟骂。对此，他泰然处之，还作诗自勉："流传百代千龄后，定识人间有此人！"

062 在黄海海战中，邓世昌有什么英勇表现？

北洋海军将领邓世昌牺牲的消息传来，光绪帝悲痛地写下挽联："此日漫挥天下泪，有公足壮海军威。"那么，邓世昌在战场上有什么过人的表现，竟让皇帝如此难过呢？

献身海防

1849 年，邓世昌出生在广东番禺（今广东省广州市）。少年时，他目睹西方列强军舰在中国境内横行，便立下志愿，要献身于海疆保卫事业。

1867 年，邓世昌怀着救国的理想，考入福州船政学堂，学习舰船驾驶。1871 年，邓世昌被分到"建威舰"实习，有幸随舰巡历大洋。后来，他历任"海东云""振威""镇南""扬威"各舰管带。

1887 年，清政府派邓世昌赴英、德两国，接回在欧洲订购的"致远号""靖远号""经远号""来远号"。在当时的中国，这是四艘先进的军舰，后来它们成为"北洋舰队"的一部分。在舰队中，邓世昌被任命为"致远号"管带。他和全舰将士投入紧张的海上训练中，随时准备为保卫祖国的锦绣河山而战斗。

黄海鏖战

1894 年，日本不宣而战，对北洋海军发动突然袭击，清军数百名士兵殉难。清政府被迫对日宣战。因为当年是旧历甲午年，这场战争也被称为"甲午战争"。

9 月 17 日，北洋海军提督丁汝昌率领北洋海军十余艘舰艇，与日军舰队在黄海海面相遇，一场海战爆发了。顿时，舰炮轰鸣，烟雾弥漫，海面上出现了一根根巨大的水柱。北洋旗舰“定远”本率先开火，谁知大炮的后坐力竟震坍了舰桥，丁汝昌从舰桥上跌落负伤。因此，中国舰队从一开始就失去了统一的指挥。由于船速、射速均不及对方，随着战斗的发展，北洋水师逐渐处于不利的地位，但尚能勉强与日本舰队抗衡，未致落败。

然而，“致远号”的沉没改变了战局。在战斗中，该舰受了重伤。因遭日舰炮击，“致远号”水线下有多处大洞。海水汹涌地灌入船体，军舰随时有沉没的危险。

邓世昌知道，军舰已到最后关头，决心孤注一掷，以舰体撞击日舰“吉野”。

于是，他在指挥台上对全舰将士作了最后的动员：“我辈从军卫国，早置生死于度外。今日之事，不过就是一死，用不着纷纷乱乱！我辈虽死，而海军声威不致坠落，这就是报国呀！”

在邓世昌的激励下，全舰官兵同仇敌忾，鼓足马力，勇猛地朝“吉野”冲去。敌人见了，紧急逃避，并集中火力攻击“致远号”，最终“致远号”被击沉。舰上官兵接连坠入大海，邓世昌也落水了。他的部下递来一个救生圈，他坚决不接。正在这时，一艘中国鱼雷艇驶来，营救落水的官兵。邓世昌被救起后，发现“致远号”已沉没，便又一次投身入水。

邓世昌养了一条爱犬。这时，它飞速游来，衔住邓世昌的衣服，使他无法下沉。邓世昌抱定必死之心，按住爱犬的头，与它一起沉入大海。邓世昌壮烈殉国，时年 45 岁。

063 资产阶级维新派为什么发动戊戌变法？

甲午战争的失败，使中国面临亡国的危险。此后，帝国主义者叫嚣着瓜分中国。这场战争给中国敲响了警钟，也促进了中华民族的觉醒。在这一背景下，资产阶级维新派走上了历史的前台。

公车上书

1895 年春，三年一次的会试在北京（今北京市）进行。考试结束后，各省举人聚集在京城，等待放榜。就在这时，清朝因甲午战败，派李鸿章赴日本谈判，李鸿章于 4 月 17 日签订了《马关条约》。条约规定，中国割让台湾全岛及所有附属岛屿、澎湖列岛和辽东半岛给日本，赔偿日本军费白银 2 亿两等。

这一消息传到国内，引起全国人民的强烈反对。在京的广东举人康有为怒火冲天，与他的学生梁启超一起，准备发动在京举人，联名上书光绪帝，阻止清政府批准条约。4 月 28 日，广东、湖南的举人前往最高监察机关都察院递交请愿书。

清政府见状，慌了手脚，只好先把请愿书收下来，这让康有为信心百倍。为打动光绪帝，他决定再次发动全体举人参加请愿活动。为此，康有为夜以继日，写出一万余字的《上清帝第二书》（即《万言书》），向光绪帝提出拒签和约、迁都抗战、变法图强三项建议，并详细论述富国、养民、教民等变法图强的具体措施，初步形成资产阶级改良主义的变法纲领。

《万言书》写成后，康有为请在京的各省举人前来集会，征求意见。603 名举人在《万言书》上签名，并约定举行总请愿活动。

朝廷听到风声，暗中派人到举人们的住所，并威胁道："谁敢跟着康有为胡闹，就不录取谁！"但举人们不为所动。5月2日，在康、梁的带领下，举人们全体出动，将都察院团团围住，要递送请愿书。这场请愿运动轰动京城，国内的爱国情绪达到高潮。

这一次，都察院向举人们解释，《马关条约》已经盖上皇帝的玉玺，无法挽回，所以不肯代为递送请愿书。这次上书运动轰轰烈烈，却未能实现预期目的。

汉代，官府以公家车马递送应举的人，后因以"公车"为举人入京应试的代称。因此，这次全国举人的爱国请愿活动就被称为"公车上书"。公车上书拉开了资产阶级维新变法运动的序幕。

戊戌变法

上书失败后，以康有为、梁启超为代表的维新派没有放弃救国的努力。他们纷纷著书立说，介绍外国变法的经验教训。他们还在各地创办报刊、学会、学堂，为变法制造舆论、培养人才。

1897年，德国强占胶州湾。康有为再次上书光绪帝，痛陈时局危机，提出不变法即将亡国的严重警告。光绪帝表示不愿做亡国之君。1898年6月，光绪帝颁布《明定国是诏》，宣布实行变法。由于当年为旧历戊戌年，所以这次变法史称"戊戌变法"。变法的主要内容包括精简京内外一些闲散衙门和官员；兴办资本主义工商业；裁减绿营，采用新法操练军队；废八股，设学堂；奖励新著作、新发明；允许人民自由创立报馆和学会等。

戊戌变法触犯了以慈禧太后为首的顽固派的利益。9月21日，慈禧太后发动政变，光绪皇帝被囚禁于中南海瀛台，一些维新人士遭到逮捕和杀害。"戊戌变法"以失败告终。

064 启蒙思想家严复有哪些成就？

100 多年前，面对中华民族日益严重的生存危机，启蒙思想家严复以译代著，倡导中国人学习西方。他的《天演论》等一系列译著，对唤起国人“救亡图存”的意识起到了积极的促进作用。

求学之路

1854 年，严复出生在一个中医世家。他自幼入私塾学习，饱读四书五经。1866 年，他的父亲去世。从此，严复家道中落，他不但无法继续科举入仕的道路，就连生计都成了问题。

当时，洋务派创办的福州船政学堂开始招生。严复积极报名，以第一名的优异成绩被录取。1867 年 1 月，他进入福州船政学堂后学堂学习驾驶。1871 年，他以优异成绩完成学业，不久便上舰实习并在水师服役。

1877 年，作为清政府派出的第一批海军留学生之一，严复前往英国。留学期间，除学习海军专业知识外，严复留意观察英国社会制度，研读西方社会科学书刊，比较中西政治制度的异同，深受达尔文“进化论”的影响。

“中国西学第一者”

学成归国后，严复回到福州船政学堂，当起了教习。后来，他转任北洋水师学堂总教习。1894 年，甲午海战爆发，北洋水师战败，这深深地刺痛了严复的心。

痛定思痛，严复意识到，仅仅依靠“坚船利炮”，无法让中国富强起来。因此，要想改变落后的局面，当务之急是革除旧制，推行新学。他发表《论世变之亟》《原强》《救亡决论》等文章，反对顽固保守，主张维新变法。

为了开启民智，严复决定将西方著作翻译成中文，以此唤醒沉睡的国人。1895 年，他翻译了英国赫胥黎的《天演论》，该书于 1898 年正式出版。这本书的核心思想是“物竞天择，适者生存”。严复把达尔文的进化论与社会现象结合起来，希望世人明白：谁是优胜者，谁能立于不败之地，谁就能求得生存，实现发展。

康有为读过《天演论》后，大为感叹，称此书为“中国西学第一者”。它为中国人打开了一个崭新的世界！资产阶级革命者邹容、陈天华、孙中山都曾读过《天演论》。

1898 年，严复起草了《拟上皇帝书》，刊发在《国闻报》上。在文中，他指出，光绪帝应下决心维新变法。不久，光绪帝召见了他，但很快发生了戊戌政变，光绪帝被囚禁，严复的政治理想随之化为泡影。

戊戌维新失败后，严复并未消沉，而是笔耕不辍，翻译了大量西方著作。严复第一次把西方的政治、经济、文化等系统地介绍到中国，影响了一代又一代中国人。

其他成就

1911 年，严复创作的清廷国乐《巩金瓯》发布，这是中国历史上第一首法定的国歌。1912 年，他被正式任命为京师大学堂总监督。京师大学堂改名为北京大学后，他担任了第一任校长。

1921 年，严复走到了生命的终点。他穷尽一生，就是为了追求中华民族的复兴。

065 张謇为何放弃仕途？

中国近代史上，有一位放弃仕途的状元，他就是张謇。张謇为什么不去做官？他抱有怎样的人生理想？

弃官办实业

1853 年，张謇生于江苏南通（今江苏省南通市）一个富农兼小商人家庭。小时候，张謇就表现出极高的读书天赋。他的父亲为了培养他成才，请名士宋蓬山来家授课。在宋蓬山的教导下，张謇的学业大有长进。宋蓬山曾吟“人骑白马门前过”，张謇旋即对出“我踏金鳌海上来”，令人拍案。

1894 年，张謇高中状元，开始入仕为官。同年，清政府在中日黄海大海战中战败。消息传来，张謇满腔义愤，他上奏光绪帝，抨击李鸿章。就在这时，张謇的父亲去世了。于是，他回到家乡，要守孝三年。

不久，清政府签订《马关条约》的消息传到南通，张謇受到极大的刺激。他认识到，只有发展民族工业，国家强大起来，才能抵制帝国主义的侵略。因此，张謇决心在家乡开办工厂。

当时，不少人对张謇“弃官从商”的行为很不理解。可是，张謇坚信民族大义比个人前途重要得多。

后来，他在南通筹办大生纱厂，开始“实业救国”的实践。1899 年，纱厂投产。当机器吐出洁白的棉纱时，张謇激动得热泪盈眶！不久，他拟订了大生《厂约》，这是中国近代较详备的工厂管理制度，对于完善企业管理、增强企业竞争力产生了巨大的作用。

此后，大生一路高歌猛进，不断进行资本扩张。到 1922 年，张謇已拥有四个纺织厂，纱锭总数占全国民族资本纱锭数的 7%，资本额达九百万两白银。

晚景凄凉

第一次世界大战后，帝国主义国家加紧对中国的经济侵略，加上国内军阀混战，给民族工业造成了无穷的灾难。最终，大生纱厂等企业出现巨额亏损，被官僚资本兼并。张謇一生的宏图大愿付诸东流。1926 年，这位年迈的老人怀着悲凉的心情逝世。

中国近代主要民族工业示意图

张謇生活在清末民初的动荡岁月。他忧国忧民，救亡图存，是爱国者的典范。他实业救国，为我国近代民族工业的发展作出了重要贡献。

066 义和团运动是怎么发生的?

“义和团，起山东，不到三月遍地红。”这首民歌，反映了中国近代史上反帝爱国运动的重要一幕——义和团运动。

只因鬼子闹中原

义和团源自义和拳、梅花拳等民间秘密组织，此类组织最初活跃在山东（治今山东省济南市）、直隶（治今河北省保定市）一带，通过练习拳棒、传授武艺、散发传单等形式组织群众。

1899 年夏，山东巡抚毓贤将义和拳改称义和团，承认其为合法团体，此后各种名目的民间秘密武术团体遂纷纷更名义和团。在“抚”的同时，毓贤“剿抚并用”，不断镇压义和团。同年秋，在首领朱红灯的带领下，山东义和团打败了前来镇压的清军，取得平原大捷。此后，义和团运动从地下转向公开，声势日渐浩大。

“义和团，神助拳，只因鬼子闹中原。”随着帝国主义侵略的加深，义和团逐渐把斗争矛头指向外来侵略者。

1900 年 4 月，义和团众已出现在北京（今北京市）。不久，他们围攻各国公使馆，焚烧教堂。有时候，清军和他们一起进行反帝斗争，无处申冤的百姓也会向义和团寻求帮助。

义和团的迅猛发展，严重威胁了西方列强的在华利益。他们的“灭洋”行动，给了侵略者再次入侵的借口。

八国联军侵华

5 月 28 日，西方列强决定以“保护使馆”的名义调兵到北京，镇压义和团。对中国出兵的有英、俄、法、美、意、日、德、奥等国，即“八国联军”。

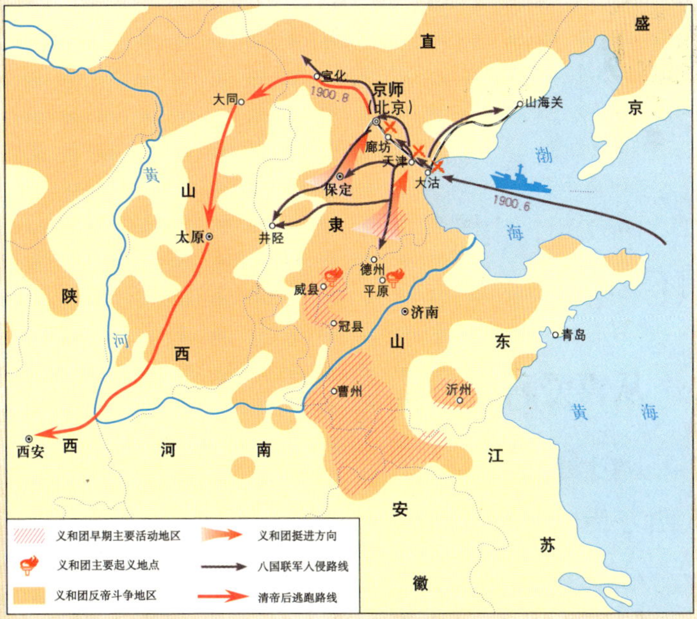

义和团运动与抗击八国联军的斗争示意图

6月10日，在英国海军中将西摩尔的率领下，两千多名侵略军自天津（今天津市）向北京进犯。在廊坊（今河北省廊坊市）等地，他们遭到清军董福祥、聂士成部及义和团团民阻击，被迫于26日退回天津。侵略军共伤亡约290人。

正当西摩尔在廊坊受阻时，八国联军对大沽炮台（今属天津）发起进攻。4座炮台腹背受敌，相继失守。大沽失陷后，清军及义和团不断进攻租界，但并未切断津沽间的交通线，侵略者趁机从大沽向租界增兵。7月14日，天津失陷。

8月14日，八国联军攻入北京城。慈禧太后换上农妇的衣服，带着光绪帝和一众王公大臣仓皇逃跑了。八国联军入城后，遭到义和团和清军的顽强抵抗，至17日始占领全城。

慈禧太后本想利用义和团对抗列强。北京城陷后，她在逃难中下令镇压义和团，又命李鸿章与侵略者议和。在中外反动势力的联合夹击下，义和团运动失败了。

067 詹天佑是如何修成京张铁路的？

1909年，中国第一条自建铁路京张铁路竣工。回望历史，我们不禁以崇敬的心情怀念“中国近代铁路之父”詹天佑。

从喜爱科学到留学耶鲁

1861年，詹天佑出生在一个没落的茶商家庭。他从小就喜欢从西方传入的工程机械类的“新鲜玩意儿”，口袋里总揣着小钳子、小镊子等工具，一有工夫就拿出来摆弄。

1872年，詹天佑作为第一批留美幼童中的一员，出洋学习。

留学期间，詹天佑考入耶鲁大学，选择铁路工程专业。他看到铁路使物流畅通，也让人们的出行更加方便，就立志建造中国人自己的铁路。

修筑京张铁路

1881年，詹天佑回国了。起初，清政府并未按照他的专业为他分配工作，而是把他派到福州船政学堂学习舰船驾驶。次年，他上舰实习。直到1888年，詹天佑才进入中国铁路公司。此后，詹天佑先后参与、主持了一些铁路工程，在铁路设计领域崭露头角。

1904年，清政府决定修筑北京（今北京市）至张家口（今河北省张家口市）的京张铁路。1905年，詹天佑被任命为京张铁路总工程师，负责工程的设计与实施。

外国人见中国人要自主建设京张铁路，便冷嘲热讽道：“能在南口（在今北京市昌平区西部）以北修筑铁路的中国工程师还没有出世呢。”原来，京张铁路要经过南口以北的崇山峻岭。外国人认为，这样艰巨的工程，中国人是无法完成的。国内许多人也不看好詹天佑。詹天佑不为所动，十分坚决地说：“中国已经醒过来了，中国人要用自己的工程师和自己的钱来修建铁路。”

京张铁路的总长只有200多千米，但要穿越长城内外的燕山山脉，沿途山势陡峭，施工十分艰难。詹天佑坚持不用一个洋人，完全靠中国人完成勘测、设计和施工。他带领工程人员跋山涉水，不辞劳苦，终于完成勘测任务。在施工过程中，詹天佑把自己的办公室搬到工地，日夜战斗在第一线。他不顾塞外凛冽的寒风和漫天的灰沙，奔波于崇山峻岭之间，亲自指导铁路施工，创造性地解决了一个又一个难题。

在山多坡陡的青龙桥路段，詹天佑设计了“人”字形路轨，解决了爬坡的难题：火车到了这里，就改用两辆牵引车，前车拉，后车推。待车尾经过“人”字顶点后，以车尾为车头，以车头为车尾，牵引火车继续前进。

京张铁路竣工

自1905年9月动工，京张铁路只用了四年时间就竣工了。1909年10月2日，京张铁路通车盛典正式举行。在仪式上，詹天佑致辞。他并没有居功自夸，而是对全体工作人员大加赞赏：“非有体力魄力，心灵手敏之人，莫克竣工。”

历经百年沧桑，詹天佑留下的“人”字形铁路仍在服役。它见证了中国铁路的艰难起步和在列强环伺中砥砺前行的光辉历程。

068 林觉民在《与妻书》中写了什么？

《与妻书》是中国近代史上的著名家书，其作者是林觉民。林觉民是谁？他在《与妻书》中写了什么？

心向革命

林觉民字意洞，号抖飞，又号天外生，福州闽县（今福建省福州市）人。幼时，他被过继给叔父林孝颖，后随林孝颖就读于全闽大学堂。

全闽大学堂是一座新式学堂，西方新思想在这里生根发芽。林觉民阅读进步书刊，接触到了自由、平等的民主革命思想。

1905年，林觉民迎娶陈意映为妻。陈意映与林觉民情投意合，深受他的进步思想影响。陈意映放弃了裹足的陋习，同丈夫一起在家乡兴建女校，动员家中姐妹和女眷来上学。

两年后，林觉民登上东渡日本的客轮，出国留学。在日本，他加入了中国同盟会，凭借出色的才华和领导能力，成为同盟会的骨干。正是这时，他确立了一生的目标：仗义执剑，以死报国，争取从根本上解救祖国，彻底改变国家濒临危亡的现状！

就义前的书面诀别

1910年11月，孙中山、黄兴等决定在广州（今广东省广州市）发动武装起义。1911年春，林觉民准备响应孙、黄。他先到香港（今香港特别行政区），再回福建。4月9日，一切准备就绪，林觉民和其他革命党人登船前往香港，等待起义。然而，革

林觉民雕像

命党中出了内奸，起义被迫提前。林觉民早已抱定必死决心，说道:“此举若败，死者必多，定能感动同胞。……吾辈死，而同胞尚不醒者，吾决不信也。”

4月24日深夜，在香港滨江楼，林觉民夜不能寐。他拿起笔，把最后想对妻子说的话写进了《与妻书》。在信中，林觉民写道:“吾充吾爱汝之心，助天下人爱其所爱，所以敢先汝而死，不顾汝也。汝体吾此心，于啼泣之余，亦以天下人为念，当亦乐牺牲吾身与汝身之福利，为天下人谋永福也。”

不负天下，只负一人。林觉民用最深情的文字，谱就痛彻心扉的千古绝唱，歌尽顶天立地的家国情怀。

三天后，林觉民等一百三十人在黄兴的带领下，发动起义。他们手执枪械炸弹，冲向两广总督署，与清军激战一昼夜，终因寡不敌众而失败，林觉民受伤被俘。

面对审讯，林觉民不但毫不畏惧，还慷慨陈词:只要革除暴政，建立共和，能使国家富强，那么我死也瞑目。两广总督见他心地如雪，肝肠如铁，不杀之必成后患，当即提笔判处他死刑。

林觉民被枪杀于广州天字码头，就义时年仅二十五岁。这次起义，遇难的革命党有一百余人，其中七十二具遗骸被葬于广州东北郊黄花岗，史称“黄花岗七十二烈士”。

069 宣统帝为什么退位？

1912 年 2 月 12 日，在北京紫禁城（今北京故宫），清宣统帝退位。这是中国历史上的大事件，宣告帝王制度在中国历史舞台上的谢幕。那么，宣统帝为什么退位呢？

冲龄即位

1908 年 11 月，光绪帝与慈禧太后相继去世。光绪帝没有子嗣，继位者是他弟弟载沣不满三岁的儿子溥仪，即清朝末代皇帝宣统帝。光绪帝的皇后隆裕效仿慈禧，开始垂帘听政，并被尊为“隆裕皇太后”。载沣担任监国摄政王。隆裕、载沣成为宣统朝掌握实权的人。

这个时期，以孙中山为代表的革命党人不断掀起革命浪潮，使清政府处于风雨飘摇之中。

袁世凯夺权

1911 年是旧历辛亥年。这一年的 10 月 10 日，辛亥革命爆发。武昌地区（今湖北省武汉市武昌城区）的革命党人首先发动起义，很快就控制了武汉三镇（武昌、汉口、汉阳），革命取得初步胜利。武昌起义像晴天霹雳，使清朝统治者极为震惊。不久，全国多个地区宣布独立，清朝的统治走到了尽头。

1912 年 1 月 1 日，中华民国临时政府宣告成立，孙中山在南京（今江苏省南京市）出任临时大总统。这一新政权开始与清王朝南北对峙。面对不利局面，清政府企图借助帝国主义的力量，镇压辛亥革命。然而，西方列强决定抛弃清朝皇帝，并扶植新的代理人。清政府走投无路，只得拉拢赋闲在家的北洋军阀首领袁世凯，任命他为内阁总理，希望他能稳定局面，延续清朝的统治。

袁世凯本是晚清重臣。宣统帝继位后，他受到载沣的排挤，交出军权，告老还乡。现在，见夺权时机成熟，袁世凯决定投靠帝国主义。一方面，他以革命党的存在相威胁，逼迫清政府交出政权。另一方面，他令北洋军猛攻汉口（今湖北省武汉市汉口城区）和汉阳（今湖北省武汉市汉阳城区），迫使革命党人停战议和。在议和期间，袁世凯假意拥护共和，并以迫清帝退位为诱饵，逼使孙中山把大总统的位子让给他。

1912 年 1 月，清王朝的顽固派良弼被革命党炸死，一众王公贵族惶惶不安。见大势已去，他们纷纷逃离北京。

情急之下，隆裕太后授予袁世凯一等公爵，希望他可以保证大清不亡。然而，大总统的位置对袁世凯更具吸引力。他一口回绝了隆裕，还让亲信不时入宫恐吓她。为了摆脱困境，隆裕太后主持御前会议，邀请满蒙王公等商量对策。然而，他们争论不休，根本拿不出解决问题的办法。在这种情况下，皇帝退位成了最后的选择。

帝制的终结

2 月 12 日清晨，北风呼啸，天寒地冻，这是清王朝的最后一天。这一天，上演了中国帝制时代的最后一次早朝。隆裕太后不再垂帘听政，而是和小皇帝并排坐在皇帝宝座上。

当内侍跪着把“退位诏书”递给隆裕太后时，她不禁泪如雨下。根据民国政府与清廷协商的结果，皇室获得优待，溥仪可以暂居紫禁城。宣统帝退位了，清王朝寿终正寝，在中国存在了两千多年的君主专制制度宣告结束。

070 “平民大总统”孙中山有什么样的魅力？

中华民国建立后，孙中山就任临时大总统。他不讲排场，为人谦恭，人称“平民大总统”。身为大总统，孙中山与旧时代的皇帝有什么不同？他有怎样的人格魅力？

接见百姓

1912 年 1 月 1 日，孙中山在南京（今江苏省南京市）就职中华民国临时大总统。在就职誓词中，他表达了“巩固中华民国，图谋民生幸福”的政治理想。

孙中山雕像

南京临时政府成立不久，有一位老人来到总统府，说要见孙中山。卫士问：“您找大总统有什么重要的事情吗？”老人摇摇头，说：“没什么大事，我就是想见见大总统。”卫士认为，总统公务繁忙，这位老人又无要事，就准备打发老人离开。这时，侍卫队长正好路过，便仔细询问了老人的情况。原来，老者是个盐商，专程从扬州（今江苏省扬州市）到南京，就是想一睹大总统的风采。队长得知老人家的来意，就去向总统报告。孙中山听了，说道：“你去把老人请进来吧，我很愿意见他。”

老人毕恭毕敬地来到孙中山面前。孙中山见了，微笑着，准备和老人握手，却见老人突然跪倒在地，准备行三跪九叩之礼。

孙中山急忙把他扶起来，亲切地说：“都民国了，这一切都免了吧。总统是人民的公仆。我就是为全国民众服务的。”孙中山表现得诚恳而谦和，没有一点架子，这令老人非常感动。

我们是公仆

一天，孙中山带着几个人，骑马去雨花台察看清朝留下的炮台。之后，他们返回总统府。在返程中，路旁有群众认出了孙中山，那人便高呼道：“孙大总统来了！大总统万岁！”顿时，阵阵掌声响起，欢呼声不断。孙中山则向大家招手致意。警察闻讯，前来维持秩序。带队的长官挥舞军刀，要驱散人群。孙中山见状，立即派卫士制止，并严肃地说：“不能这样对老百姓，我们是公仆。”

民众越聚越多，把孙中山一行围了起来。为了不影响群众的情绪，孙中山便绕道返回总统府。

孙中山所到之处，经常有民众喊“大总统万岁”。对此，他总是说：“封建专制已经被推翻，有人喊我‘万岁’，这很不合适。”身边的工作人员向他解释：“您对革命贡献大，大家这样喊是表示对您的拥戴。”孙中山严肃道：“比起那些献出宝贵生命的先烈，我这点贡献算不了什么。”

天下为公

清帝退位不久，孙中山辞去临时大总统的职务。此后，无论是袁世凯称帝，还是张勋复辟，孙中山都高举义旗，捍卫民主共和。1925 年 3 月 12 日，孙中山因病去世。

孙中山一生以“天下为公”为己任，坚定践行了“替众人服务”的誓言。在生命的最后一刻，他仍心系国家，告诫革命者革命尚未成功，应继续努力。

071 北大的“三只兔子”是哪三位人物？

新文化运动时期，蔡元培、陈独秀、胡适都在北大工作，都属兔。“三只兔子”一时成为美谈，流传至今。

“思想自由，兼容并包”

1917 年 1 月 4 日，北京大学门口，所有校工毕恭毕敬地等着新校长的到来。一会儿，一位风度翩翩的学者乘车到达。下车后，他立即脱帽鞠躬，向欢迎者致敬。当时，北大校长是教育界的大人物，其履新时，校工都应先向校长行礼致敬。

从校长做起，一改旧俗，开北大新风之先——这就是蔡元培。

蔡元培提出“思想自由，兼容并包”的办学方针。他广纳人才，唯才是举。一时间，北大大师云集。在自由的空气中，每个人都能够发挥所长，显示了北大的大气与活力。蔡元培的出现，使北大从墨守成规的旧式学堂，变成了生机勃勃的新式大学。

“三只兔子”聚首

蔡元培注重吸纳有革新思想的人才。他看中新文化运动的发起人陈独秀，想请他到北大工作。于是，蔡元培三番五次登门拜访陈独秀。有时来得很早，陈独秀还没有起床，他就坐在门口等候。“三顾茅庐”后，他终于打动陈独秀，后者同意出任北大文科学长。

陈独秀到任北大后，北京大学成为当时中国思想界最活跃的阵地。这里聚集了胡适、李大钊等知识分子，他们传播新思想、新文化，引领年轻人改造社会。

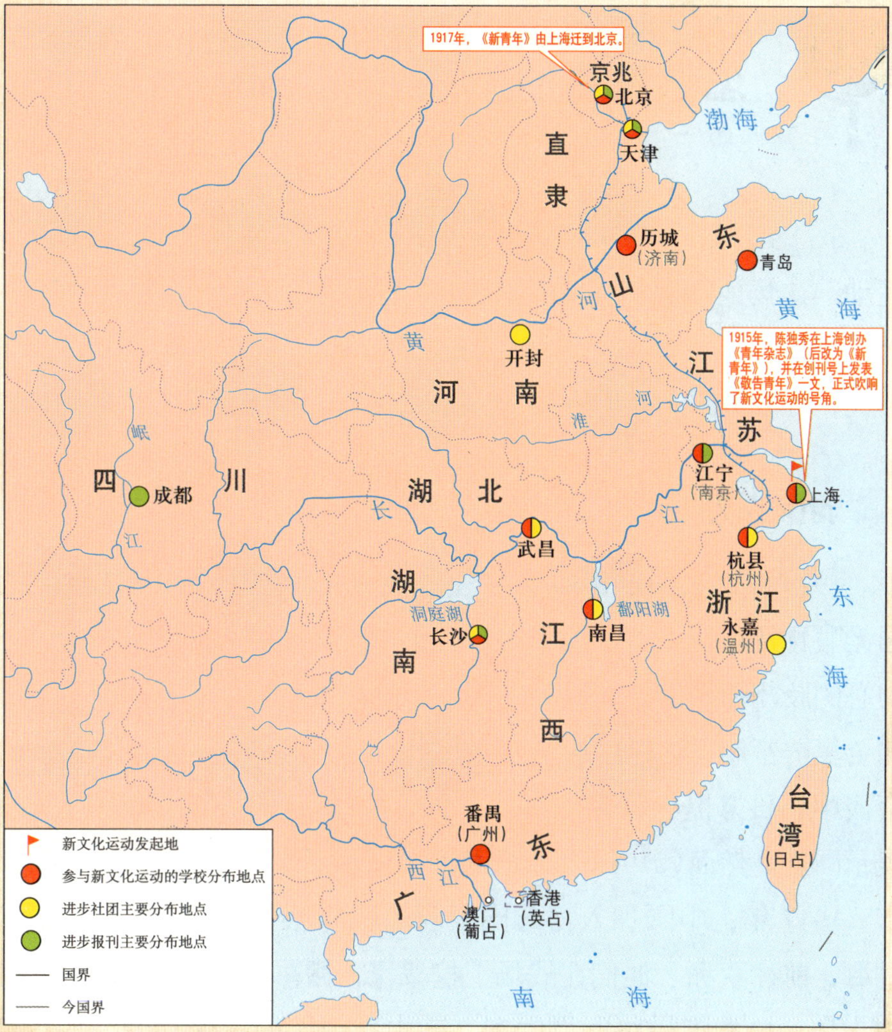

新文化运动形势图

1917 年，留学美国的胡适回到中国。经陈独秀举荐，他成为一名北大教授。在美国时，他就在《新青年》上发表了《文学改良刍议》。到了北大，胡适更是声名鹊起，他反对旧文学，提倡新文学，主张用白话文写作。胡适推出了第一部新诗集《尝试集》，发起了白话文运动。

072 五四运动是怎么发生的？

5 月 4 日是青年节。这个节日来自一百多年前的一场爱国主义运动。这场运动是足以影响中国历史进程的重要事件。它因何而起？为什么产生了如此巨大的能量？让我们走近那个群情激昂的年代，听听五四运动的故事。

弱国无外交

1914 年，第一次世界大战在欧洲爆发。同年，日本趁西方列强无暇顾及东亚，从德国手中抢占了以青岛（今山东省青岛市）为中心的胶州湾租借地，并占领了胶济铁路沿线各地。这时，袁世凯想要复辟帝制，为了争取日本的支持，他与日方展开秘密谈判。在会谈中，日方提出灭亡中国的“二十一条”。对此，袁世凯大体上表示同意。然而，1916 年袁氏称帝梦碎而死。

1917 年，中国加入协约国，北洋政府派数十万中国劳工漂洋过海，前往欧洲。他们在战场上挖战壕，搬军械，从事最苦、最累的工作。协约国最终取得胜利，其中有中国的一份功劳。1919 年 1 月，为处置战败的德国，重新建立世界秩序，英、美、法、日等战胜国在法国巴黎（今法国巴黎）召开国际和平会议。作为战胜国，中国派出代表团参与巴黎和会。在会上，中国提出取消帝国主义在华特权，废除严重损害中国主权的“二十一条”等要求。然而，弱国无外交，巴黎和会是一场帝国主义列强的分赃会议。列强拒绝了中国的合理诉求，还将德国在山东的非法权益全部转交给日本。中国在巴黎和会的外交失败，激发了中国人民强烈的爱国主义情绪。

人们痛恨帝国主义列强，也对软弱无能的北洋政府深感失望。

胜利的抗争

青年学生率先起来抗争。5月4日下午，北京大学、北京高等师范学校等十余所学校的三千多名学生走上街头，向天安门进发。学生们手里拿着提前准备好的小旗，上面写着“还我青岛”“外争主权，内除国贼”“取消二十一条”“拒绝和约签字”等口号，其中最醒目的，是北大法科学生谢绍敏前一天晚上的血书“还我青岛”。

天安门前，学生们聚集起来，聆听爱国演讲，随后开始示威游行。他们来到使馆云集的东交民巷，遇到使馆巡捕的阻拦。学生们转而前往亲日派卖国贼曹汝霖位于赵家楼胡同的住宅。曹汝霖见学生们来势汹汹，连忙躲藏起来。另一卖国贼章宗祥正在曹汝霖家做客。他慌不择路，撞见义愤填膺的学生，遭到一顿毒打。学生们找不到曹汝霖。这时，一个名叫匡互生的学生带了火柴，就在曹汝霖家点起了火。大批军警闻讯赶到，逮捕了三十多名学生。经过北大校长蔡元培等人的营救，被捕学生后来获释。

6月3日，北京（今北京市）二十多所学校各派出上百名学生上街演讲，开展爱国主义宣传。他们遭到北洋政府的无情镇压，至4日，先后有八百多名学生被捕。消息传出，上海（今上海市）的工人罢工，商人罢市，学生罢课，出现了声势浩大的“三罢”高潮。这场爱国主义运动，迅速由北京、上海向全国扩散，形成前所未有的反帝爱国浪潮。迫于压力，北洋政府罢免了曹汝霖、章宗祥和另一卖国贼陆宗舆的职务。

6月28日，巴黎和会落下帷幕。经过几个月的讨价还价，各国准备在凡尔赛宫签订和约，即《凡尔赛和约》。在五四运动的影响下，中国代表团并未签字。

073 中国共产党是如何诞生的？

你知道中国共产党的生日是哪一天吗？答案是 7 月 1 日。伟大的中国共产党是如何诞生在中华大地上的？它到底是不是 7 月 1 日建立的呢？

南陈北李，相约建党

1917 年俄历 10 月，俄国爆发革命，产生了由工人阶级领导的政权，这是第一个无产阶级专政的社会主义国家。十月革命胜利的消息传到中国，在知识界引起了巨大的反响。李大钊激动地欢呼："试看将来的环球，必是赤旗的世界！"他的意思是，未来的世界必将是马克思主义指导下的共产主义世界（共产主义者以红旗为标志）。五四运动后，马克思主义开始在中国大规模传播。

中国工人阶级的成长和马克思主义的传播，使中国的马克思主义从理论走向实践成为可能。李大钊与新文化运动的发起者陈独秀都是五四运动的领袖。1920 年初，为躲避反动军阀的迫害，陈独秀秘密前往上海（今上海市）。李大钊不顾个人安危，护送他出京，两个人在途中共商建党大计，留下了"南陈北李，相约建党"的佳话。到上海后，陈独秀深入工人群众当中，宣传马克思主义。1920 年 8 月，他在上海成立了第一个共产党的早期组织。两个月后，留在北京的李大钊成立了"共产党小组"。在南陈、北李的合力推动下，武汉（今湖北省武汉市）、长沙（今湖南省长沙市）、济南（今山东省济南市）、广州（今广东省广州市）等地相继产生了党组织。在此基础上，陈独秀、李大钊等人认为成立中国共产党的时机已经成熟。

从上海到嘉兴

1921年7月23日，中国共产党第一次全国代表大会在上海法租界的一栋小楼内秘密举行。看到这里，可能有人感到疑惑——我们的建党节不是“七一”吗？怎么是7月23日呢？原来，毛泽东在1938年作《论持久战》的演讲时提出，“今年七月一日，是中国共产党建立十七周年纪念日。”当时，延安（今陕西省延安市）是中共中央所在地。而在延安的一大出席者，只有毛泽东和董必武两个人。他们回忆，中共一大是在7月份召开的，却记不清是哪一天了。因此，中共中央就把7月1日定为象征性的党的生日。直到20世纪70年代末，党史学家、民间学者经过深入研究，得出了结论：中共一大开幕的日期是7月23日。

出席此次大会的有上海的李达、李汉俊，北京的张国焘、刘仁静，长沙的毛泽东、何叔衡，武汉的董必武、陈潭秋，济南的王尽美、邓恩铭，广州的陈公博、包惠僧，旅居日本的周佛海，以及共产国际的代表马林与尼科尔斯基。陈独秀和李大钊因故没能出席会议。

7月30日，一大第六次会议因侦探闯入和其后的租界巡捕搜查而被迫中断。经过这一事件，代表们感到，继续在上海开会太危险了。李达的夫人王会悟提议，到距离上海不远的江南小城——嘉兴（今浙江省嘉兴市）去开会。为确保安全，会议在嘉兴南湖的一艘红色游船上继续进行。会议通过了《中国共产党第一个纲领》与《中国共产党第一个决议》。会议明确了中国共产党的奋斗目标是推翻资产阶级，建立无产阶级专政，实现社会主义和共产主义。会议还选出了中国共产党的领导机构——中央局，由陈独秀担任书记。

中国共产党的成立是中华民族发展史上一件开天辟地的大事。在党的领导下，中国革命的面貌焕然一新。

074 北洋军阀大混战是怎么回事？

北洋军阀曾统治中国 17 年。在此期间，北洋军阀的不同派系发生了激烈的战事。

北洋军阀的起源与派系

1895 年，在今天津市东南，有个“新农镇”，因为这里建有一处小驿站，所以人们又把它称作“小站”。当时，清政府命袁世凯按照德国的营制、操典，在这里训练新建陆军。后来，他继李鸿章任直隶总督兼北洋大臣，所建军队称“北洋军”。袁世凯借改革军制扩编北洋军为六镇，从此成为北洋军阀首领。后来，袁世凯称帝不成，忧愤而死。他的部下没了主心骨，分化为直、皖、奉三系。

直系军阀因首领冯国璋出生于直隶省（治今河北省保定市）而得名，此后曹锟、吴佩孚、孙传芳先后担任直系领袖。这一派系控制着直隶以及江苏（治今江苏省南京市）、江西（治今江西省南昌市）、湖北（治今湖北省武汉市）等省，受到英、美两国的扶植。皖系军阀因首领段祺瑞的籍贯在安徽（治今安徽省安庆市）而得名，掌控安徽、浙江（治今浙江省杭州市）、福建（治今福建省福州市）等省，其背后的靠山是日本。奉系军阀主要是奉天（治今辽宁省沈阳市）人张作霖，他也与日本人走得很近。奉系的地盘是东北。

直、皖、奉三系鏖战

袁世凯死后，皖系实际把持北京（今北京市）中央政府。当时，各派系之间发生了不少摩擦。1920 年 7 月，直皖之间的矛盾如火山一样爆发。直系军阀曹锟、吴佩孚联合张作霖，与皖系开战。直奉联军只用了五天时间就击败了皖系军队。此后，段祺瑞被迫下野，直奉两派分享了北京政府的权力。这就是“直皖战争”。

1922 年 4 月，曹锟、吴佩孚以反对张作霖推荐梁士诒任国务总理为由，迫梁去职，导致直奉之间爆发大战。结果，奉军战败，张作霖完全失去了北京政府的控制权。这是“第一次直奉战争”。

直系赶走了奉系，曹锟不再满足于当直系的领袖，而是要当中国的领袖。他不惜采用卑鄙的贿赂手段，用重金收买选票，最终登上了大总统的宝座。然而，这种以金钱操纵政治的行为遭到全国人民的一致唾骂。

战败后，张作霖知耻而后勇，努力操练军队，奉军在短期内实力大增。趁曹锟贿选总统、失去民心之际，张作霖于 1924 年 9 月发兵报仇，吴佩孚也调兵迎战。就在战事焦灼之时，另一直系将领冯玉祥突然倒戈。他领兵返回北京，囚禁了曹锟。消息传到前线，直军全线崩溃，奉军大举入关。吴佩孚只得率领残部逃往南方。冯玉祥为什么在关键时刻背叛直系呢？原来，吴佩孚在打赢张作霖后，飞扬跋扈。他不仅不把其他直系将领放在眼里，还想方设法地削弱他们的兵力。冯玉祥早就对吴佩孚不满，于是趁此机会反戈一击。这就是“第二次直奉战争”。

张作霖战胜吴佩孚后，执掌了北京政府。逃到南方的吴佩孚则占据了湖北、湖南（治今湖南省长沙市）、河南（治今河南省开封市）等地。原属直系、后自成一派的孙传芳在东南异军突起，占领了福建、浙江、江西、安徽、江苏五省。

北洋军阀的大混战使得国家分裂，政局动荡。军阀们为争取列强的支持，不惜出卖中国的主权，更进一步加深了列强对中国的侵略。

075 是什么促成了第一次国共合作？

袁世凯死后，中国进入了军阀混战的时代。为了拯救国家，孙中山与众多仁人志士开展了多次反对北洋军阀的斗争，都以失败告终。其间，俄国十月革命爆发，这对孙中山触动很大。此后，孙中山决定“以俄为师”，继续革命。

改组国民党

说到学习俄国革命，中国共产党比孙中山行动得更早。不过，中共成立初期，一没军队，二没地盘。虽然力量弱小，但中共党员的革命意志可不小。他们深入工人群众，发动工人闹革命。1923年2月7日，大军阀吴佩孚血腥屠杀京汉铁路罢工工人。至此，中国共产党意识到，不能继续孤军奋战了，必须要与中国其他进步力量结成同盟，才能最终取得革命的胜利。

在苏联的影响下，中国共产党于1923年召开第三次全国代表大会，同意党员以个人身份加入国民党。1924年1月，国民党召开第一次全国代表大会。有人可能要问，国民党成立于1912年，怎么到1924年才召开第一次全国代表大会？原来，以前的国民党组织涣散，思想混乱，只是一个

中共三大会址纪念馆

松散的同盟，无法也没必要召开全国性的代表大会。因此，国民党需要改组，加入新鲜血液，召开全国代表大会的时机已经成熟。

“联俄、联共、扶助农工”

国民党一大确定了“联俄、联共、扶助农工”三大政策，即联合俄国（苏联），联合共产党，维护农民和工人的权益，充分发动人民群众。会议通过了接收共产党员以个人身份参加国民党的决定。就这样，国民党和共产党实现了合作，大大增强了革命的力量，这标志着国民革命的正式兴起。

“国民革命”是什么意思呢？它的具体含义是中国的无产阶级和资产阶级联合起来，共同开展革命。对内，他们反对封建军阀，实现人民民主。对外，他们反对帝国主义侵略，实现民族独立。

国民党和共产党的合作，大大加强了国民党的组织力和行动力，但这样还是不够。想要推翻北洋军阀，就必须拥有一支强大的军队。孙中山在苏联的支持下，创办了“中国国民党陆军军官学校”，校址在广州（今广东省广州市）黄埔长洲岛，这就是大名鼎鼎的“黄埔军校”。黄埔军校教授苏联红军的先进作战经验，为国民党培养了一大批优秀的军事人才。以黄埔军校的师生为基础，孙中山组建了一支“党军”。旧时代的军队多效忠于个人，谁有军饷就跟谁走。而“党军”在三民主义的旗帜下，秉持反帝反封建、救国救民的理想信念，与旧式军队有本质区别。

第二次直奉战争期间，冯玉祥在北京（今北京市）发动政变，囚禁贿选总统曹锟。同时，他电邀孙中山北上，共商国是。孙中山认为，这是通过和平手段拯救中国的最好时机。1924 年底，他到达北京，这时他已身患重病。1925 年 3 月 12 日，孙中山在北京病逝。不久后，大革命的风暴来临了。

076 第一次国共合作是如何走向破裂的？

孙中山的追随者汪精卫曾说，国共合作会害了国民党。为什么汪精卫有这种想法呢？国共合作又是如何走向破裂的呢？

北伐战争

1925 年 7 月，国民政府在广州（今广东省广州市）成立，将“党军”改编为“国民革命军”，积极筹划北伐大计。1926 年 7 月 1 日，国民革命军正式出师北伐，蒋介石担任北伐军总司令。起兵后，北伐军一路势如破竹。至次年 2 月，他们就击溃了吴佩孚和孙传芳两大军阀的主力，控制了长江以南的广大地区，革命的中心随之转移到了长江流域。1927 年 1 月，国民政府迁到了武汉（今湖北省武汉市）。

北伐战争的节节胜利，让蒋介石的个人野心急剧膨胀。1927 年 3 月，蒋介石领兵攻克上海（今上海市）、南京（今江苏省南京市），准备与武汉国民政府分庭抗礼。与国民党内部矛盾相比，更不利的是，国民党与共产党也要走向分裂了。

“中山舰事件”和“整理党务案”

通过国共合作，国民党焕然一新，但国民党内的反动分子对共产党却十分忌惮。他们妄图限制、排斥共产党。

孙中山容纳共产党的态度十分坚决。因此，在他活着的时候，国民党反动派掀不起什么风浪。孙中山去世后，这些人就开始破坏国共合作。

1926 年 3 月 18 日，黄埔军校驻广东省办事处主任欧阳钟向海军局代理局长李之龙（共产党员）传达命令：速调军舰到黄埔待命。当中山舰于 19 日驶抵黄埔后，国民党反动派却造谣说李之龙私调中山舰，要劫持蒋介石等人。3 月 20 日，蒋介石借口防止“共产党阴谋暴动”，逮捕李之龙，监禁国民革命军第一军中的共产党员，并派兵包围省港罢工委员会和苏联顾问住所。通过这次事件，蒋介石打击了共产党人，国共两党之间的裂痕加深了。

同年 5 月，蒋介石提出“整理党务案”，严格限制共产党员担任国民党内及国民政府的要职，同时要求共产党向他提交一份加入国民党的共产党党员名单。因受苏联影响，中共中央并未据理力争，于是此案被通过。

蒋介石、汪精卫背叛革命

北伐战争开始后，中共发动工人与农民，反对大地主大资产阶级以及外国侵略者，开展轰轰烈烈的群众运动。以蒋介石为代表的国民党反动派则加紧勾结帝国主义和大地主大资产阶级，准备背叛革命。1927 年 4 月 12 日，蒋介石派军队将共产党领导的上海工人纠察队缴械。此后，他又大肆捕杀共产党员和进步群众。三天之内，三百多人被杀，五百多人被捕，五千多人失踪。

同年 7 月 15 日，汪精卫在武汉主持召开“分共”会议，宣布与共产党决裂，彻底背叛了孙中山制定的国共合作和反帝、反封建纲领。随后，他又在“清党”的名义下大肆搜捕、屠杀共产党人和革命群众，镇压工农运动。

蒋介石、汪精卫相继背叛革命后，中国国民党已变成一个代表大地主大资产阶级和列强在华利益的政党。1927 年 9 月，武汉政府与南京政府“和平统一”，国民党政权定都南京。

077 井冈山是如何成为革命圣地的？

大家都知道，井冈山是革命圣地。那么，井冈山是如何成为革命圣地的呢？它在中国共产党的历史上有什么重要意义呢？

从南昌起义到秋收起义

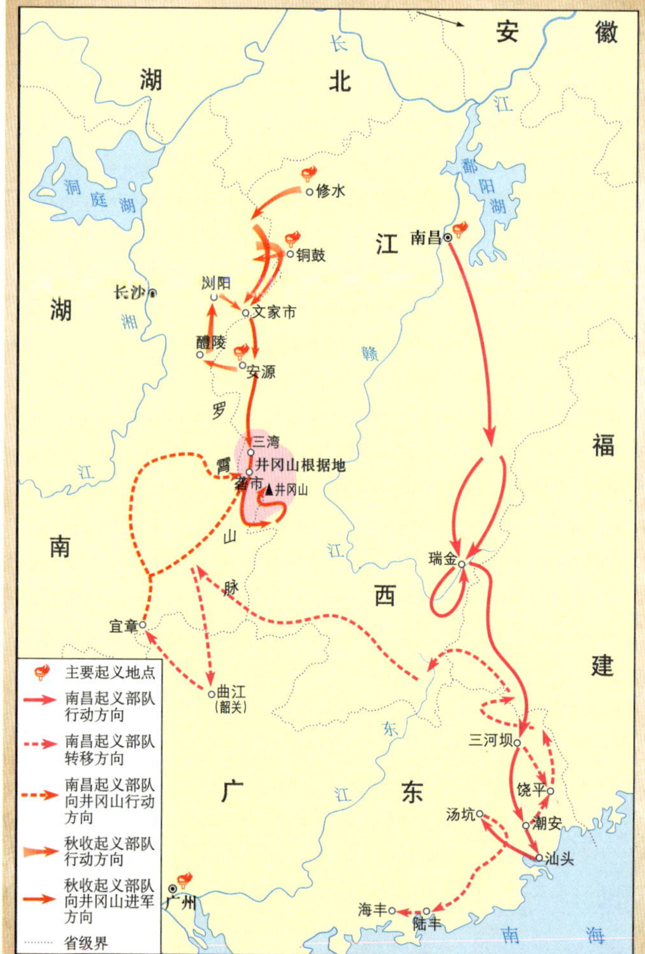

南昌起义、秋收起义和井冈山会师示意图

8月1日是建军节。你知道它是怎么来的吗？这要从第一次国共合作的破裂说起。蒋介石、汪精卫背叛革命，大肆屠杀共产党人和革命群众。面对危机，共产党人不愿坐以待毙。在经过周密的策划之后，党中央决定把可以掌握的武装力量集中到南昌

（今江西省南昌市），在这里发动起义。1927 年 8 月 1 日，周恩来、贺龙、叶挺、朱德等人率领军队夺取了南昌城。南昌起义打响了武装反抗国民党反动派的第一枪，是中国共产党独立创建人民军队和领导武装斗争的开始。

随后，起义部队按计划撤出南昌，南下广东（治今广东省广州市），准备在那里建立根据地，但在途中遭到敌人的封堵，损失严重。朱德、陈毅率领南昌起义的部分队伍，转战湘南，坚持斗争。

9 月 9 日，由毛泽东领导的秋收起义在湖南（治今湖南省长沙市）与江西（治今江西省南昌市）交界处爆发。起义军准备充分发动湖南的农民与工人，一举占领长沙（今湖南省长沙市）。

不幸的是，敌我力量太过悬殊，起义受挫。鉴于当时的形势，毛泽东果断改变了攻打长沙的计划，决定以农村为革命中心，在农村建立根据地。在寻找根据地的途中，部队来到江西永新县三湾（今江西省永新县三湾村）。在这里，毛泽东对部队进行改编，确立了党指挥枪的原则，在部队中建立党的各级组织，加强党的领导。针对旧军队中军官骄横、动辄打骂士兵的现象，毛泽东规定，官兵待遇平等，大家都是阶级兄弟。这次改编成为创建共产党领导下的新型人民军队的重要开端。

井冈山革命根据地的建立

井冈山位于湘赣边界上，这里群山绵延，距离国民党控制的大城市较远，是建立革命根据地的理想选择。于是，毛泽东带领秋收起义的部队，在这里落脚，创立了中共历史上的第一块农村根据地。此后，各地的共产党人纷纷拉起自己的队伍，在中国大地上建立了湘鄂赣根据地、鄂豫皖根据地等多个根据地。

078 九一八事变是怎么爆发的？

1931 年 9 月 18 日的晚上，中国东北发生了震惊中外的九一八事变，这是中国十四年抗日战争的起点。

所谓“生命线”

俄国在日俄战争中战败后，将南满铁路转让给日本。日本以保护铁路为名，强迫中国在铁路沿线重要城市划定“铁路附属地”，这实际上就是日本人的殖民地，日本可以向“附属地”派驻军队。九一八事变的发生地沈阳（今辽宁省沈阳市）就存在“附属地”，那里驻扎着日本关东军。

九一八事变爆发前，日本陷入了严重的经济危机，而中国的东北地区拥有丰富的资源与庞大的市场。日本军国主义者认为，中国东北是日本的“生命线”，只有完全占有该地，才能让日本摆脱经济危机，重新走上繁荣发展的道路。

沈阳沦陷

关东军的石原莞尔和板垣征四郎经过周密策划，决定于 1931 年 9 月 18 日派兵袭击沈阳。当天晚上十时许，日军来到城外柳条湖附近日本管理的“南满铁路”旁边，炸毁了一段铁轨，反诬系中国军队所为，制造所谓“柳条湖事件”。这成了日军发动袭击的借口。

沈阳城北，有中国东北军的北大营，驻守在此的是东北军第七旅。当晚，北大营官兵听见巨大的爆炸声，不久后日军的炮弹、手榴弹如雨点般落入北大营的营房。第七旅参谋长赵镇藩指挥士兵进入预定阵地，大家纷纷摩拳擦掌，准备痛击来犯的侵略者。不过，军队有组织和纪律。在接到上级的命令之前，谁都不能擅自行动。

事变发生之前，以蒋介石为首的南京国民政府制定了“攘外必先安内”的政策，要集中力量消灭进步的中国共产党，维持其反动统治。为此，国民党避免与日本发生冲突。在该政策影响下，东北地区的最高长官、中华民国陆海空军副司令张学良向东北军总参谋长荣臻下令，不得抵抗进攻北大营的日军。荣臻对赵镇藩说：“不准抵抗，不准动，把枪放到库房里。”赵镇藩听了，感到非常震惊。他想劝荣臻收回成命，但荣臻也只是奉命行事，并说：“这是命令，如不照办，出了问题，由你负责！”赵镇藩深感痛心，在率军与敌激战至 19 日凌晨三点左右时，因东北军伤亡颇多，最终下令退出北大营。至 19 日晨，北大营、沈阳内城相继被日军占领。

中国共产党积极抗日

在此黑暗时刻，中国共产党始终以国家、人民的利益为重，率先举起抗击侵略者的大旗。9 月 20 日，中国共产党发表《中国共产党为日本帝国主义强暴占领东三省事件宣言》，号召中国劳苦大众团结起来，将日本帝国主义者驱逐出中国。至 1932 年 2 月，东北三省全部沦陷，这更激发了中国人的抗日怒潮。在中共满洲省委的领导下，大量党员骨干深入东北各地，开展抗日活动，创建抗日武装，开辟根据地。同时，一些深明民族大义的东北军军官带领旧部英勇反抗日本侵略者，以血肉之躯和敌人拼死相搏。他们与共产党领导的抗日武装一道，在白山黑水间给予侵略者以沉重打击。

九一八事变揭开了世界反法西斯战争的序幕，是中国局部抗战的开始。

079 溥仪是如何在伪满洲国当上“皇帝”的？

退位之后，末代皇帝溥仪竟跑到日本人控制下的伪满洲国，重新当上了“皇帝”。这是怎么回事呢？

溥仪伺机复辟

辛亥革命爆发后，溥仪被迫退位。民国政府同意他继续居住在紫禁城内，生活费用由政府拨给，溥仪得以继续过着养尊处优的生活。1924 年，参与军阀混战的冯玉祥率兵进入北京（今北京市），将溥仪赶出紫禁城。此后，溥仪几经辗转，移居天津（今天津市）的别墅静园，伺机复辟封建帝制。

土肥原软硬兼施

九一八事变后，为“名正言顺”地占据中国东北，日本方面要在当地扶植一个傀儡政权。这样做，一方面可以收买人心，让东北人民甘于被压迫。另一方面，可以制造东北人民“自发”建立“新国家”的假象，避免英美列强的干涉。因此，废帝溥仪成了他们拉拢的目标。日本驻沈阳（今辽宁省沈阳市）特务机关长土肥原贤二专程赶往天津，要面见溥仪。见面后，土肥原以甜言蜜语诱骗溥仪去东北“亲自领导新国家”。溥仪怀揣着皇帝梦，说道：“如果是复辟，我就去，不然的话我就不去。”土肥原已经看穿了溥仪的心思，奸笑着说：“当然是帝国，这是没有问题的。”

尽管溥仪已完全陷入复辟的美梦，但土肥原急于把溥仪骗到东北，于是他祭出狠招。在他的指使下，恐吓信如雪花一般向静园飞来，其中一封写道：“如果你不离开这里，当心你的脑袋！”甚至有人将炸弹当作礼物，送到静园。溥仪害怕了，更可怕的则在后面。1931 年 11 月 8 日，土肥原收买一群汉奸，令他们武装挑衅天津的中国军警，这些败类一度攻占河北省政府（当时在天津）。日本人以安保为名，将铁甲车开到静园门口，溥仪实际上被软禁了。

粉饰太平的吉祥物

11 月 10 日，在日本人的利诱、恐吓之下，溥仪决定离开天津，前往日本占据下的东北。启程后，溥仪开始了一厢情愿的幻想：自己到达东北后，码头上人山人海，高呼万岁。然而，当溥仪到了辽宁营口（今辽宁省营口市）的码头，他才发现，岸上只有寥寥几个日本人。走进日本人安排的旅馆后，溥仪又被软禁起来。土肥原本来承诺，要在中国东北成立“帝国”，由溥仪当皇帝。此时，关东军却不同意实行帝制，而要推行共和制，溥仪则担任名义上的国家元首——“执政”。

到了此时，溥仪才明白，自己在天津完全被日本人骗了。日本关东军参谋板垣征四郎见他不肯就范，便恐吓道：“如果不接受，只能被看作是敌对态度，只有用对待敌人的手段作答复。”为了自保，溥仪屈服了。

1932 年 3 月 1 日，伪满洲国正式成立。3 月 9 日，溥仪在日本人的安排下就任伪满洲国“执政”。伪满洲国的所有事务全部由日本人决定，溥仪没有任何实际权力。溥仪为虎作伥，对日本人言听计从，让关东军在东北站稳了脚跟。日本为了“奖励”溥仪，于 1934 年宣布伪满洲国实行帝制，溥仪如愿以偿地再次当上了“皇帝”。然而，这位“皇帝”只是日本人用来粉饰太平的吉祥物，日本人只是为了更省事地统治东北而已。

080 红军为什么长征？

从 1930 年底开始，国民党反动派对中央苏区连续进行了四次大规模的军事“围剿”，结果都被红军粉碎。在第五次反“围剿”时，红军付出了巨大牺牲，却越打越被动，最终被迫进行战略转移。

第五次反“围剿”失败

1933 年秋，蒋介石派出五十万军队，对中央苏区进行第五次“围剿”。当时，中共临时中央负责人博古缺乏革命经验，对打仗一窍不通。在这种情况下，被共产国际派到苏区的德国人李德，就成为红军的实际领导者。这位军事顾问对红军的游击战术并不了解。他坚持“御敌于国门之外”，让人数和装备居于劣势的红军和国民党军队正面对抗。在红军遭到重大损失后，他又提出“不让敌人侵占寸土”“胜利或者死亡”等口号，调集红军主力与优势敌军决战。红军英勇奋战一年，付出了巨大牺牲，也没能打破敌人的“围剿”，反而陷入极其危险的境地。为避免革命的火种被彻底扑灭，中共中央决定实行战略转移。1934 年 10 月，中共中央和红军主力八万多人迈出了万里长征的第一步。

遵义会议

蒋介石调集兵力，围追堵截红军，企图消灭红军于湘江（今湘江）以东。红军冲破了敌人四道封锁线，挫败了蒋介石的阴谋，但损失惨重，八万多人仅剩三万多人。博古等人执意去湘西，与红二、红六军团会合。然而，国民党反动派已布下口袋阵，要一

遵义会议会址

举消灭红军。危急时刻，毛泽东建议改变行军计划，转向敌人力量薄弱的贵州（治今贵州省贵阳市）前进。这一建议得到中央多数同志的支持。不久，红军攻克了贵州遵义（今贵州省遵义市）。1935 年 1 月，中共中央在遵义召开政治局扩大会议，总结了第五次反“围剿”失败的原因，确立了以毛泽东为主要代表的马克思主义正确路线在中共中央的领导地位。

胜利会师

遵义会议后，红军在毛泽东的指挥下，采取灵活的战术，声东击西，四渡赤水（今赤水河），使国民党军疲于奔命。在巧渡金沙江（今金沙江）后，红军摆脱了几十万敌军，取得了战略转移中具有决定性意义的胜利。接着，红军继续北上，强渡大渡河（今大渡河），飞夺泸定桥，爬雪山，过草地，终于在 10 月到达陕北吴起镇（今陕西省吴起县城），与陕北红军会师。

红军战胜了无数艰难险阻，最终完成了长征这一中国军事史上空前的战略大转移，奠定了中国共产党人领导革命走向胜利的基础。

081 张学良为什么逮捕蒋介石？

在中原大战中，张学良曾对蒋介石给予军事支持。然而，在1936年，蒋介石却突然被张学良逮捕，这是怎么回事呢？

“中国人不打中国人”

经过长征，中共中央到达陕北，逐渐在以延安（今陕西省延安市）为中心的陕甘革命根据地站稳了脚跟。在日本帝国主义加紧侵略、民族危机日益严重的情况下，蒋介石仍一面对日妥协，一面继续“剿共”：派遣张学良的东北军和杨虎城的第十七路军进攻陕北。面对斗志昂扬的红军，张学良连吃败仗。这时，东北军入关多年，官兵思念家乡，想要打败非法占据东北的日本鬼子，而不是与同胞手足相残。

趁此机会，共产党秘密地与张学良取得联系。1936年4月，张学良在延安与周恩来会谈。9月，中国共产党与东北军签署了《抗日救国协议》，双方正式结束敌对状态，红军、东北军、第十七路军形成了“铁三角”。

蒋介石与张学良的冲突

西北的局势令蒋介石头疼。据特务密报，张学良、杨虎城与共产党关系密切。10月，他亲自到西安（今陕西省西安市）“督战”。12月，他又飞赴西安，要张、杨进攻红军。

12月7日，张学良面见蒋介石，他慷慨陈词，请蒋以国家和民族大义为重，放弃“攘外必先安内”的政策，联合各阶层、各党派共同抗击日本侵略者。想到自己流亡关内，不能抗日杀敌，张学良竟然在蒋介石面前哭出声来。声泪俱下的张学良“哭谏”三个小时，但蒋介石丝毫不为所动。9 日，时值“一二·九”运动一周年，西安的爱国学生发动请愿游行，要求国民党当局停止内战，主动抗日。然而，警察竟然开枪打伤学生。学生队伍群情激愤，怒潮般涌向临潼华清池（在今陕西省西安市临潼区），要直接向蒋介石请愿示威。蒋介石强令张学良武力制止学生“胡闹”。张学良心急如焚，连忙赶到现场劝阻学生，避免了一触即发的流血事件。当晚，张学良再次找到蒋介石，沉痛要求蒋介石联合共产党抗日，并放过学生。两人为此发生激烈争吵。

西安事变

盛怒之下，张学良与杨虎城商议“兵谏”策略，部署行动计划。12 日晨，东北军部队在华清池成功扣留了蒋介石。

西安事变发生后，张学良、杨虎城通电全国，提出改组南京政府、停止一切内战等八项抗日救亡主张。17 日，周恩来率中共代表团到达西安，力主和平解决西安事变。23 日，周恩来、张学良、杨虎城与南京政府代表宋子文举行谈判，周恩来提出“停止‘剿共’政策，联合红军抗日”等六项主张。次日，双方达成以周恩来提出的六项主张为基础的协议。迫于形势，将介石同意停止“剿共”，联合共产党抗日。12 月 25 日下午，张学良亲自护送蒋介石回南京（今江苏省南京市）。到南京后，蒋介石把张学良软禁起来。1949 年，张学良被转至台湾地区（治今台湾地区台北市），继续接受软禁。20 世纪 90 年代，张学良才重获自由。

西安事变的和平解决，对推动国共两党再次合作，起到了重大的作用，成为国内革命战争走向抗日民族战争的转折点。

082 全面抗战爆发的标志是什么？

八十多年前，日本侵略军在卢沟桥掀起了一场腥风血雨，中国人民进入了全面抗战的艰难时期。

华北“自治”

九一八事变后，日本帝国主义逐渐占领了热河省（治今河北省承德市）。当时，北平（今北京市）、天津（今天津市）成为中日对峙的第一线。1935 年，日本阴谋策动华北“自治”。然而，中华民族在民族危机之下团结起来，抗日运动风起云涌，日本无法实现分裂华北的阴谋，便决定诉诸武力。

七七事变与八一三事变

为借机寻衅，从 1937 年 6 月开始，日本华北驻屯军在北平卢沟桥附近频繁演习。7 月 7 日晚，日军谎称在演习中“失踪”一名士兵，要求进卢沟桥东侧中国军队的驻地宛平城（在今北京市丰台区）搜查。遭中国守军拒绝后，日军即炮轰宛平城，进攻卢沟桥。为了一举占领华北，日本于 11 日决定向华北增派兵力。中国军民英勇反击日本侵略者，第二十九军副军长佟麟阁、第一三二师师长赵登禹都在保卫北平的战斗中壮烈牺牲。中国守军且战且退，北平、天津相继沦陷。

日军在华北扩大侵略的同时，又积极策划侵占上海（今上海市）。

8 月 9 日，日本驻上海海军陆战队官兵两人驱车闯入虹桥机场

卢沟桥和宛平城楼

（在今上海市西郊）挑衅，被机场保安队击毙。驻沪日军以此为借口，要挟国民政府撤走上海保安部队，撤除所有防御工事。被拒绝后，日军于 13 日大举进攻上海，史称“八一三事变”“淞沪会战”。

抗日民族统一战线的形成

七七事变是中国全面抗战的开始，中华民族团结起来，为国家生存而战，为民族解放而战。事变第二天，中共中央在通电中率先提出，“全中国同胞，政府，与军队，团结起来，筑成民族统一战线的坚固长城，抵抗日寇的侵掠！”为促进国共两党实现团结合作抗日，中共中央派周恩来等将《中共中央为公布国共合作宣言》（以下简称《宣言》）送交蒋介石。9 月 22 日，国民党中央通讯社发表《宣言》。23 日，蒋介石发表实际上承认共产党合法地位的谈话。中共中央的《宣言》和蒋介石的谈话，宣告国共两党重新合作和抗日民族统一战线正式形成。此后，国民党在国民政府统治区阻击日军的进攻，共产党在日军占领区建立抗日根据地，把敌人的后方变成抗日的前线。全国军民同仇敌忾，粉碎了日本“三个月灭亡中国”的迷梦，为抗战最终胜利奠定了基础。

083 日军在南京犯下了哪些罪行？

12 月 13 日是南京大屠杀死难者国家公祭日，这一天是中国人心中永远的痛。有血性的中华儿女，不能忘却日军曾经带给我们的伤害和耻辱。

南京失守

八一三事变爆发后，中国军队在上海（今上海市）至南京（今江苏省南京市）一线奋勇抵抗日本侵略者。日本则不断增加兵力，把战线从上海一步步推进到南京城下。1937 年 11 月，蒋介石任命唐生智为南京卫戍司令长官，负责保卫南京。

12 月 10 日，日军对南京城发起总攻。守军苦战两日，雨花台、紫金山等重要外围屏障失守，中山门、光华门、中华门等多处城垣被突破。12 日晚，唐生智仓促下令弃守南京。

日军的暴行

12 月 13 日，日军大部队进入城中，恣意进行大规模的屠杀焚掠，制造了骇人听闻的“南京大屠杀”。面对普通民众和手无寸铁的士兵，日军用绳索把他们捆绑起来，用机枪扫射，大肆杀人。昔日繁华的南京，已经变成血流成河的人间地狱。日军完全丧失了人性，退化成被邪恶欲望驱使的禽兽，对南京城内的女性犯下了残忍的暴力罪行。

张秀红是当时的受害者之一，那年 12 岁。听说日本人要打进南京，爷爷带着全家逃走了。大冬天，大家睡在田里，冷得受不

侵华日军南京大屠杀遇难同胞纪念馆

了。过了几天，大家以为没事了，就回了家。但是搬回去没两天，日军就来了。

一个日本兵来到家里，用刺刀对着爷爷要“花姑娘”。为了保护爷爷，张秀红只能就范。几十年后，张秀红回忆起那段地狱般的经历，悲痛欲绝。后来，家人把张秀红的头发剃了，又在她的脸上涂了些油烟。就这样，张秀红伪装成男孩，才活了下来。

大屠杀持续了六周。在这次反人类暴行中，遇难的中国人达三十万人以上，南京市三分之一的房屋被焚毁，几乎所有的商店被抢劫一空。这是人类文明史上黑暗、惨痛的一页，我们要铭记历史，不忘过去，珍爱和平，努力建设富强繁荣的中国。

084 汪精卫为什么叛国投日？

“慷慨歌燕市，从容作楚囚。引刀成一快，不负少年头。”很难想象，如此慷慨激昂的诗竟是大汉奸汪精卫写的。那么，他是如何从革命义士变为民国头号大汉奸的呢？

从革命者到失意政客

青年时代，汪精卫就追随孙中山，从事革命活动。他曾组织暗杀团体，要炸死清政府的摄政王载沣。不料，暗杀行动未成，他身陷狱中，便写下了开头那首著名的诗篇。辛亥革命后，汪精卫被释放。孙中山逝世后，汪精卫任广州国民政府常委会主席兼军事委员会主席。后因中山舰事件，他遭到蒋介石排挤，辞职赴法。回国后，他背叛革命，与蒋介石合作，担任南京国民政府行政院院长等职。

全面抗战爆发后，投降思想在汪精卫的心中慢慢生发。一方面，汪精卫非但不相信中华民族终有一天会击败侵略者，反而认为再打下去中国会彻底灭亡。另一方面，汪精卫是个权力欲极强的政客，一直以孙中山的接班人自居，但在与蒋的长期斗争中，汪精卫逐渐丧失了权力。1938 年 3 月，国民党召开临时全国代表大会，明确实行领袖制度，规定全党的领袖是蒋介石，蒋的称号是“总裁”。汪精卫虽然被称作“副总裁”，却已经从与蒋介石并驾齐驱的政治人物，降为名副其实的蒋的仆从，这让他很不甘心。

投靠日本人

在“抗战亡国”与想当领袖这两个因素的催化下，汪精卫决定投靠日本侵略者，便派自己的部下和日本人接洽投降事宜。1938 年 10 月，日本先后攻克了广州（今广东省广州市）和武汉（今湖北省武汉市）。侵略者狂妄地认为，蒋介石政权已经丧失了大量人口与资源，马上就要灭亡，所以需要扶植一个傀儡政权，令其帮助日本统治沦陷区。11 月 20 日，汪精卫集团与日本签订了密约，接受了多项卖国条款。

12 月 16 日，汪精卫去找蒋介石，向蒋诉说他的“投降救国”理论。蒋介石不听，两人不欢而散。18 日，汪精卫从重庆（今重庆市）出走，叛逃到越南河内（今越南河内），要伺机前往日本占领区。不久，他发表了著名的“艳电”，表示愿意与日本政府合作，“恢复和平”。汪精卫曾设想，在他发表这封通电之后，从前不满蒋介石的官员、军阀会群起响应，跟他一起走上投敌叛国的道路。然而，艳电发表后，几乎没人响应。汪精卫进退两难，国民党则宣布将汪精卫开除党籍，撤销一切职务，并给他送去了出国护照及费用，希望他悬崖勒马，去欧洲疗养。此举意味着让汪精卫放弃所有权力，这是他不能接受的。于是，蒋介石命军统特工刺杀汪精卫，但未得手。

不久后，汪精卫在日本的接应下前往上海（今上海市）。进入上海后，汪精卫便抛却了所谓的“和平救国”假面，一心在日本刺刀的保护下建立傀儡政府。1940 年 3 月 30 日，汪伪政府在南京成立，号召中国军民停止抵抗。此后，日本向汪伪政府派驻了大量“顾问”，以便控制伪政府。汪精卫名义上是伪政府的首脑，实际上却是如同溥仪一样的提线木偶——凡事必须听从最高军事顾问影佐祯昭的旨意。就这样，汪精卫出卖了自己的国家与民族，却未能换来孜孜以求的“领袖”地位，更没有换来自己口中所谓的“和平”。

085 国民党军在抗战中牺牲的最高级将领是谁?

“尽忠报国”，这是毛泽东亲自为张自忠将军题写的挽词。在国民党军中，张自忠将军是在抗战中牺牲的最高级将领。然而，忠勇的张将军却曾被人认为是汉奸、卖国贼，这是怎么回事呢?

蒙冤

七七事变发生后，驻守北平（今北京市）的二十九军抵挡不住日军的猛烈进攻，损失惨重。1937 年 7 月 26 日，日方向冀察政务委员会委员长宋哲元发出通牒，限令二十九军于 28 日完全撤出北平。宋无力抵抗，在撤离之前，他任命张自忠代理冀察政务委员会委员长、北平绥靖主任兼北平市长，以和谈的名义与日军周旋，缓和局势。张自忠曾率领代表团访问日本，所以当时有人称他为“亲日派”。这次，他又负责与日本人谈判，不免受人猜疑，甚至有人把他比作北宋奸臣张邦昌。

29 日，日军进入北平后，对张自忠威胁利诱，要他通电反对国民政府，张自忠无周旋余地，便称病躲进德国医院，又转入美国友人的家中，于 9 月 7 日乔装打扮，乘坐汽车逃离北平。

升职

虎口脱险后，张自忠被蒋介石任命为代理五十九军军长，他得以重返抗日前线。因为曾被人误认为“汉奸”，他只能通过奋勇杀敌来证明自己的清白。1938 年 3 月，在临沂（今山东省临沂市），张自忠率部血战七昼夜，击退了在日军中号称“铁军”的板垣师团，取得“临沂大捷”。不久，他又参加了两次大会战。在张自忠的带领下，将士们人人敢战，个个争先，获得了数次辉煌的胜利，张自忠也升任第三十三集团军总司令。

牺牲

1940 年 5 月，日军为了巩固武汉（今湖北省武汉市）外围，歼灭中国第五战区主力，发动“枣宜会战”。战事开始后，襄河（今汉江在湖北省襄阳市以下的江段）东岸成了最激烈的战场。此时，张自忠的司令部设在比较安全的襄河西岸。由于日军攻势猛烈，张自忠决定亲自过河督战。将士们见张总司令来到前线，士气大振。不久，张自忠指挥部队将日军截为两段。日军首尾不相接，便举重兵向张自忠的阵地扑来。随着战事的发展，张自忠部逐渐陷入敌人的重重包围之中。16 日，张自忠被迫率司令部退入南瓜店（在今湖北省宜城市）。不料，日军截获了张自忠司令部的无线电频率，基本锁定了张自忠的位置。日军的包围圈越来越小，炮弹如暴雨般倾注而下，机枪的吼声一阵急似一阵。张自忠带领官兵多次打退敌人的进攻，但敌人却如潮水般不断向司令部涌来。张自忠未后退半步，而是从容地指挥战斗。

张自忠的部队越打越少，最后身边只剩下三个人。突然，他中弹倒地，身边的三位官兵也牺牲了，而敌人已冲了上来。张自忠坚强地站起，眼睛死死盯住一名离他最近的敌兵。这名日本兵被张自忠的威势吓呆了，竟不敢再动。另一名日本兵见了，对着张自忠打了一枪，那名被吓呆的日本兵才反应过来，狠狠地向张自忠的腹部刺去。一代抗日名将张自忠壮烈殉国。

张自忠虽然死去，但他的气节和精神已经超越了他所处的时代，汇入中华民族不屈精神的浩荡长河之中。

086 中国共产党在抗日战场上牺牲的最高级将领是谁？

“名将以身殉国家，愿拼热血卫吾华。太行浩气传千古，留得清漳吐血花。”朱德写下这首挽诗，悼念壮烈殉国的左权将军。左权生前担任八路军副参谋长，是中国共产党在抗日战场上牺牲的最高级将领，他为民族解放事业做出了卓越贡献。

投身革命

1905 年，左权出生在湖南醴陵县（今湖南省醴陵市）的一个农民家庭。在他很小的时候，父亲就去世了。左权打猪草、放牛，生活十分贫苦。他并未向命运低头，而是努力学习，于 1924 年 3 月，考入孙中山大元帅府军政部在广州（今广东省广州市）开办的陆军讲武学校。

同年 11 月，左权转入黄埔军校。1925 年 2 月，他经陈赓介绍加入了中国共产党。后来，左权被中共中央派往苏联深造。在苏期间，左权不仅系统学习了马克思主义理论，还吸收了苏联红军先进的战略战术。回国后，他坚定不移地投入革命事业中。

英勇牺牲

七七事变爆发后，左权担任八路军副参谋长，指挥八路军开展游击战。1940 年秋天，在左权的协助下，彭德怀指挥了著名的百团大战。

1942 年 5 月，日军纠集三万多人，对太行山脚下的中共中央北方局、八路军总部和一二九师师部进行合围。日军的包围圈越来

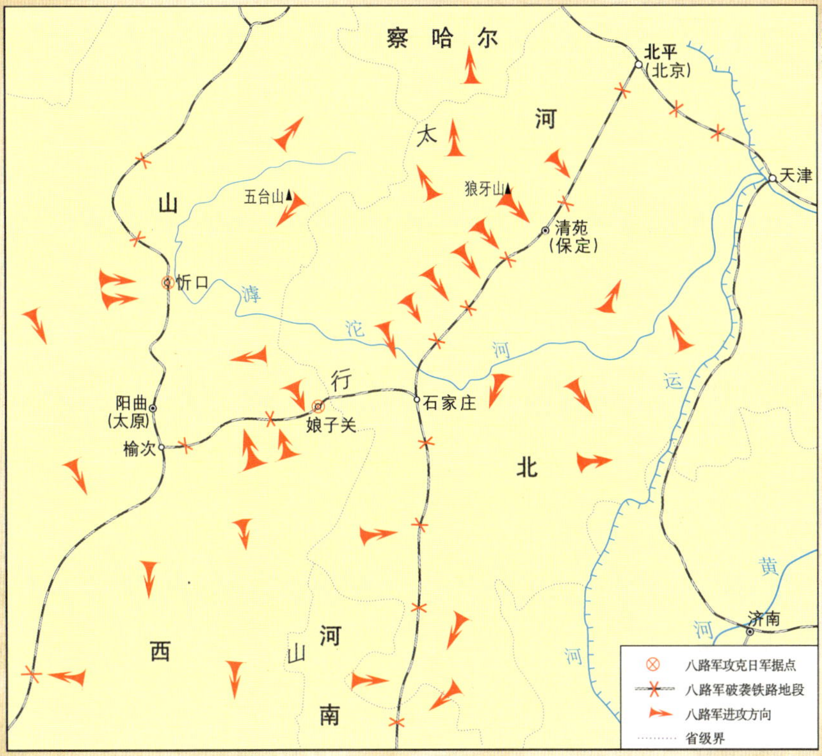

百团大战示意图

越小，情况万分紧急。彭德怀和左权决定，各机关立即突围。

5月24日拂晓，敌人在大炮的火力掩护下猛烈进攻，企图截断八路军转移的道路。在左权的指挥下，八路军严阵以待，多次击退嚣张的日军。当晚，左权指挥人员突围、转移。25日早上，各机关到达辽县（今山西省左权县）十字岭，即将突破敌人的包围圈。日军采取“张网捕鱼”“纵横合击”的战术，继续围困八路军。左权见状，派警卫护送彭德怀到安全地带。彭德怀要留下来，与左权并肩作战，左权却坚持把彭德怀扶上马。傍晚时分，一颗炮弹突然从天空落下。左权机警地回头，指挥大家卧倒。第二颗炮弹接踵而至，左权中弹了，他倒在血泊中。

左权牺牲后，太行人民把辽县改名为左权县，以纪念这位伟大的革命烈士。

087 重庆谈判产生了哪些成果？

抗战胜利后，毛泽东和蒋介石曾在重庆（今重庆市）谈判，商讨中国的发展方向，两人还留下了珍贵的合影。

抗战胜利

日本发动七七事变后，在法西斯主义的道路上越走越远。1941年12月7日，日本派遣舰队偷袭美军在珍珠港（今美国珍珠港）的军事基地。次日，美国对日本宣战，日军在太平洋战场上节节败退。到了1945年，中国共产党和中国国民党分别在敌后战场、正面战场对日军发动战略反攻。这时，日军已是强弩之末，失败只是时间问题。8月，美军在日本广岛（今日本广岛）和长崎（今日本长崎）投下两颗原子弹，导致二十余万人死亡。苏联也派大军进入中国东北，消灭了日本支持的伪满洲国。

8月15日，日本天皇向全国播音，宣布日本无条件投降。中国军民坚持抗战十四年，终于取得了胜利。

“鸿门宴”

高兴之余，中国人有不少问题亟待解决。最主要的是，国民党、共产党和其他各种政治力量，应该如何团结起来，建设统一、民主、富强的中国。当时，国内经过多年的战争，人民渴望和平。共产党顺应民心，提出“和平、民主、团结”三大口号，要求成立联合政府，与国民党共同建设战后中国。不过，蒋介石却不这么想，他要限制甚至消灭共产党的力量。日本投降后，他罔顾中共在抗日战争中做出的重大贡献，阻止中共参与接受日本投降与接收沦陷区的工作。这样一来，国民党的军队就能把日军的先进武器与沦陷区的财富据为己有了。国民党垄断受降，让国共双方产生了尖锐的矛盾。

就在这个节骨眼上，蒋介石向毛泽东连发三封电报，邀请他赴重庆谈判。明眼人一看就知道，这是一场“鸿门宴”。如果毛泽东不去，蒋介石就会借机把“破坏和平，挑起内战”的罪名扣在中共的头上。如果他去了，无异于深入龙潭虎穴。万一毛泽东遭到扣留，甚至逮捕，该怎么办呢？

重庆谈判

毛泽东没有被蒋介石的鬼把戏吓倒。为了实现中国的和平、民主、团结，他毅然决定接受蒋介石的邀请，前往重庆。8 月 28 日，毛泽东在周恩来等人的陪同下，飞抵重庆。毛泽东走出机舱，向接机的人们挥手致意。山城沸腾了，人们认识到，中国共产党对谈判是满怀诚意的，是来谋求和平的。

国共双方的谈判持续了四十多天，过程艰难曲折。10 月 10 日，国共双方签订了《政府与中共代表会谈纪要》，这就是著名的“双十协定”。中共承认了国民党和蒋介石的领导地位。国民党被迫同意和平建国的基本方针，同意召开有各党派代表及社会贤达参加的政治协商会议。然而，国民党拒不承认解放区的人民政权。10 月 11 日，毛泽东平安返回延安（今陕西省延安市）。

在历史的转折关头，毛泽东不顾个人安危，用实际行动向全国人民证明了共产党人和平建国、反对内战的政治主张。而国民党政权为实现独裁，不久就撕毁“双十协定”，发动了内战。

088 解放战争是如何爆发的?

1946年1月10日，国共双方签署并公布了《停止国内军事冲突的协议》，并据此分别发布了停战令。然而，停战令并未带来和平。不久后，国民党不顾民意，悍然发动了内战。

双方的力量对比

1946年6月，国民党政府调集重兵，向中原解放区发动大规模进攻，接着还将战火扩大到其他解放区，全面内战爆发。中国共产党领导解放区部队奋起自卫，解放战争全面展开。

战争初期，国民党方面不论在军事力量还是经济力量上，较之中国共产党及其领导的人民解放军都占有明显优势。国民党的总兵力为430万人，人民解放军的总兵力为127万人。国民党接收了100万投降日军的装备，并获得美国政府的大量军事援助，包括100多艘舰艇、900多架飞机和大批枪支、火炮、弹药、坦克、汽车。人民解放军的装备，主要是缴自日伪军的步兵武器和少量迫击炮、山炮，没有外国军事援助。

国民党统治着730余万平方千米的土地和3.39亿多人口，分别占全国土地面积的76%和全国人口的71%，并控制了全国所有的大城市、主要交通线和几乎全部工业。解放区的土地面积只有230万平方千米，人口只有1.36亿，经济主要是农业和手工业，基本上没有工业。

国民党凭借其军事、经济优势，采取全面进攻、速战速决的战略方针，企图用3—6个月的时间，消灭人民解放军，摧垮共产党。

粉碎敌人的进攻

针对敌人的情况，中共中央提出，以消灭敌人有生力量为目的，不在乎一城一地的得失。人民解放军运用这一战法，歼灭国民党军 71 万余人。1947 年 3 月，由于国民党军的大量有生力量被歼灭，加之占领地区扩大，蒋介石被迫放弃全面进攻，转而进行重点进攻。

同月，国民党军第一战区司令长官胡宗南率重兵进攻中共中央所在地延安（今陕西省延安市）。当时，陕北解放区兵力不足，于是中共中央决定暂时撤离延安，给国民党留下一座空城。解放军保存有生力量，积极开展运动战，多次在陕北打败国民党军。1948 年 4 月 21 日，革命圣地延安终于被解放军收复。

1947 年 5 月，针对鲁中山区的解放军，国民党整编第七十四师发动攻击。该师是国民党最精锐的“五大主力”之一，师长张灵甫目空一切，轻率冒进，不知不觉中被解放军五个纵队的兵力包围。整编第七十四师退入孟良崮（在今山东省蒙阴、沂南两县交界处）防守。然而，该地属于岩石山区，无法挖掘防御工事，而且水源奇缺。蒋介石调派飞机空投食品与饮用水，但其中的大多数被解放军获得。16 日，解放军将整编第七十四师全歼，击毙了张灵甫。蒋介石听到消息，痛心疾首。

千里跃进大别山

蒋介石的重点进攻越打越被动，解放军却游刃有余，越战越勇。1947 年下半年，刘伯承、邓小平带领大军，千里跃进大别山（在今河南、湖北、安徽三省交界处）。大别山区靠近南京（今江苏省南京市）和武汉（今湖北省武汉市），刘邓大军如同一把钢刀，直插敌人的心脏。于是，大别山的解放军成为蒋介石的心腹大患，有效牵制了国民党军对华北的进攻，揭开了解放军战略进攻的序幕。

089 三大战役是如何进行的？

1948 年，解放战争到了最后的决战时刻。共产党是如何将国民党的主力消灭的？三大战役是如何进行的呢？

辽沈战役

决战的号角首先在东北地区吹响。1948 年秋，国民党军分别收缩在长春（今吉林省长春市）、沈阳（今辽宁省沈阳市）、锦州（今辽宁省锦州市）三个孤立地区。9 月，辽沈战役开始，面对被分割在几座城市中的国民党军，解放军应该从哪里下手呢？毛泽东运筹帷幄，要求东北野战军司令员林彪先攻下锦州，切断国民党军撤回关内的路线，再将东北的国民党军全部歼灭。蒋介石则从华北地区抽调十一个师，令其北上，又命沈阳的部队南下，以解锦州之围。然而，国民党军毫无斗志，自华北北上的部队在塔山（在今辽宁省葫芦岛市连山区）被解放军阻击，无法前进。自沈阳南下的部队也遭遇阻援。10 月 15 日，解放军将锦州国民党军全歼，解放锦州。接着，长春地区的国民党军一部起义，一部投诚。于是，解放军得以集中全部力量进攻沈阳。11 月 2 日，解放军进入沈阳。东北全境解放了！

淮海战役

徐州（今江苏省徐州市）为兵家必争之地，国民党以徐州为中心部署了黄维、黄百韬、邱清泉、李弥、孙元良五大兵团，总兵力约八十万人。1948 年 11 月，中共中央调集华东野战军、中原野战军六十多万人，以刘伯承、陈毅、邓小平、粟裕、谭震林为总前委，发动淮海战役。解放军最先进攻的是部署在徐州东部的黄百韬兵团。蒋介石要求邱清泉、李弥兵团救援黄百韬，但这两人都想保存实力，所以行军速度非常缓慢。11 月 22 日，黄百韬兵团被全歼。在黄百韬被围期间，蒋介石急调黄维兵团去救援，该兵团却在半路被解放军层层围困，最终被歼灭。邱、李、孙三兵团见大事不好，便放弃徐州，向南撤退，不料又钻入解放军的口袋阵。1949 年 1 月 10 日，三兵团被全歼。

平津战役

平津战役几乎与淮海战役同时开始。国民党方面驻守华北的是华北“剿总”总司令傅作义，其麾下有兵力六十万人。为稳住并就地歼灭傅集团于平津地区，中共中央和毛泽东指示东北野战军提前入关，会同华北军区部队共约一百万人，在由林彪、罗荣桓、聂荣臻组成的总前委统一领导下发起平津战役。在解放军强大的攻势下，傅作义部丧城失地，北平（今北京市）成为一座孤城。经过中共中央和北平地下党组织的努力争取，傅作义率部接受和平改编。1949 年 1 月 31 日，北平和平解放，平津战役胜利结束。

中华人民共和国成立

4 月，解放军发起渡江战役，解放了南京（今江苏省南京市）。国民党政权逃往台湾（治今台湾地区台北市）。

10 月 1 日，中华人民共和国成立，这揭开了中国历史新的篇章。中国共产党领导和组织人民，推翻了长期压在人民头上的帝国主义、封建主义和官僚资本主义“三座大山”，踏上了带领人民创造幸福美好生活的新征程。

090 国民党政权为什么会失败？

抗战胜利之后，国民党的兵力和武器装备均强于共产党。所以，蒋介石曾视解放军为“乌合之众”。然而，就是蒋介石眼里的“乌合之众”，几年内就推翻了国民党在大陆的统治。这是为什么呢？

政治因素

国民党政权是一个十分腐败的政权。抗战胜利后，国民党政府的官员去沦陷区，接收被日本人侵占的领土与财产。在接收过程中，这些官员肆无忌惮地倒卖、侵吞各种财产与物资，想方设法地对沦陷区人民进行敲诈勒索。名义上的“接收”其实是“劫收”。沦陷区的老百姓之前长期忍受日本侵略者的欺压，现在好不容易熬到抗战胜利，中央政府来了，他们反而比之前还痛苦。如此腐朽的国民党政权，怎能不失去民心？怎能不灭亡呢？而共产党人清正廉洁，高级干部也住在窑洞里，和普通干部一样。

军事因素

国民党政治上的腐败是其军事失败的诱因之一。军用物资及军费是国民党内贪腐问题的重灾区。蒋介石在前线视察时，发现国防工事如纸糊的一般。国民党军广大官兵面黄肌瘦，缺医少药。更致命的是，国民党的将领有派系之分，很难相互配合。蒋介石有嫡系部队，即所谓“中央军”。除此之外，还有一些后来加入国民党政权的地方军阀，蒋介石经常让他们的部队冲在前面当炮灰。

在这些部队陷入危险后，中央军为了保存实力，也不愿意去救。就连中央军的军官们，也往往相互嫉妒。遇到友军失败的情况，他们幸灾乐祸，拍手称快。而解放军令行禁止，使命必达，所以能够以少胜多。

经济因素

国民党的军事失败加速了其经济的崩溃。国民党军连战连败，装备丢了，就花钱去补充。为了筹集军备，国民党政权大开印钞机，疯狂发行纸币，导致物价急剧上涨。国民党发行的纸币如同废纸一般，老百姓都用来糊墙。最后，人们放弃了钞票，用上了袁世凯铸造的银圆，甚至以物易物。

在这种情况下，正常的商业活动根本无法开展。于是，蒋介石决定进行经济改革，而这成了彻底压垮国统区经济的最后一根稻草。1948 年 8 月，国民党政权发行新的货币“金圆券”。政府不允许人们私藏贵金属，要求人们把手里的黄金拿出来换成金圆券。随着国民党军队的节节败退，国民政府开始滥发金圆券，所以金圆券迅速贬值。就这样，国统区老百姓手中本就有限的财富被榨取干净了，而市面上的生活必需品又贵得离谱，人民苦不堪言，国民党民心尽失。解放军则屡战屡胜，大量缴获战利品，还改造国民党战俘，以补充兵源，所以军队越打越多，越战越勇。共产党还在解放区进行土地改革，将地主的土地平分给贫民。人民为了保卫土改果实踊跃参军，支持共产党。

总而言之，国民党代表着大地主、大资产阶级的利益，严重脱离人民，腐化堕落，最终导致政权的崩溃。这更加说明，只有社会主义才能救中国，只有中国共产党才能建设中国。

绿水青山就是金山银山
二零零五年八月十五日

现代卷

中华人民共和国成立至今

091 中共中央为什么做出抗美援朝的决策？

1950年6月25日，朝鲜内战爆发。27日，美国派兵介入朝鲜内战，并武力封锁台湾海峡。7月7日，美国打着联合国的旗号，组织“联合国军”正式参战。战争初期，朝鲜人民军攻势迅猛。不过，到了9月，战局逆转，于是朝鲜政府请求中国出兵援助。

抉择的艰难性

当时，中国的国力与美国有较大差距。美国是世界头号强国，拥有包括原子弹在内的各种先进武器。中华人民共和国刚刚成立，百废待兴，武器装备落后于美军，海军和空军刚刚成立，缺乏强

丹东的抗美援朝雕塑群像

大的战斗力。在国内，敌对势力的残余尚未剿灭，新生政权需要稳定、和平的局面才能巩固和发展。一旦介入朝鲜战争，中国国民经济恢复和发展的进程就要面临中断的风险。

参战的必要性

首先，参战是维护中国领土主权和国家安全的必然要求。自1950 年 8 月下旬开始，美国以其侵略朝鲜的空军飞机，侵入中国领空，轰炸扫射中国东北边境的城镇和乡村，严重威胁中国安全。东北地区是中国的重工业基地，又和朝鲜半岛相连，如果美军占领朝鲜，东北的发展必然会受到严重影响。所以，抗美援朝也是保卫自己的国家。

其次，参战是中国履行社会主义国家义务的必然要求。共产主义事业是一场国际性的运动，需要各国无产阶级联合起来。在近代史上，中朝两国人民在反抗外敌入侵的过程中，同仇敌忾，建立了坚固的友谊。值得注意的是，抗日战争时期，包括金日成在内的数万朝鲜青年来到中国，和中国人民一道，打击日本侵略者，其中不少人献出了自己宝贵的生命。所以，作为朝鲜的朋友，中国有义务打这场战争。

“立国之战”

1950 年 10 月 19 日，中国人民志愿军在司令员兼政治委员彭德怀的率领下，赶赴朝鲜战场，与朝鲜军民并肩作战，最终取得了抗美援朝的伟大胜利。这场战争也被称为中华人民共和国的“立国之战”，是中华民族走向伟大复兴的重要里程碑。

092 “一五”计划期间，中国取得了哪些成就？

1953 年，在中国共产党的领导下，中国开始实施第一个五年计划（1953—1957 年），简称“一五”计划。

“一五”计划的实施背景

从中华人民共和国成立到 1952 年年底，是中国国民经济的恢复时期。在恢复国民经济的任务胜利完成之后，中国存在着社会主义的国营经济、农民和手工业者的个体经济、私人资本主义经济三种基本经济成分。为了发展社会主义经济，中共中央在 1952

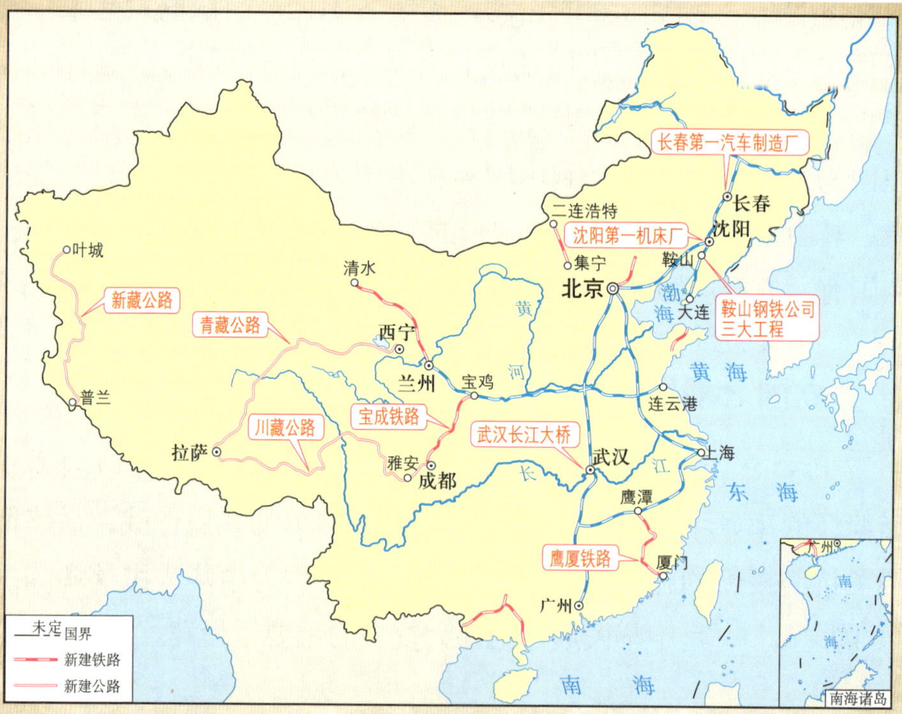

第一个五年计划期间工业交通建设主要成就分布示意图

年年底提出了过渡时期的总路线。根据过渡时期的总路线，国家决定从 1953 年开始进行大规模的经济建设，并制订和执行第一个五年计划。

“一五”计划的瞩目成就

在执行“一五”计划的过程中，中国人民虽然遇到了困难，但总体的执行情况很好，并提前实现了计划规定的各项任务。

一、国民经济以较快的速度全面增长。5 年间，社会总产值平均每年增长 11.3%；国民收入平均每年增长 8.9%；工农业总产值平均每年增长 10.9%。1957 年，中国的钢产量达 535 万吨，原煤产量达 1.3 亿吨，粮食产量达 1.95 亿吨。

二、基本建设大规模开展。5 年间，中国完成的基本建设投资总额达 550 亿元。新增的固定资产达 460 亿元，其中工业新增固定资产达 200 亿元。

三、以铁路为中心的交通运输建设取得了新进展，运输能力有了较大的提高。到 1957 年年底，全国铁路通车里程近 3 万千米，公路通车里程达 25 万多千米，内河航运里程达 14.4 万多千米，空运航线达 2.64 万多千米。

四、文教卫生事业发展较快。1957 年，全国有高等院校 229 所，比 1952 年增加 28 所。同年，高校招生 10.6 万人，比 1952 年增加 2.7 万人。

五、对农业、手工业和资本主义工商业的社会主义改造胜利完成。与 1952 年相比，1957 年国营经济的比重由 19% 提高至 33%，合作社经济的比重由 1.5% 提高至 56%，公私合营经济的比重由 0.7% 提高至 8%，个体经济的比重由 72% 下降至 0.3%，资本主义经济的比重由 7% 下降至 0.1%。

093 如何看待全面建设社会主义的十年？

从 1956 年社会主义改造基本完成到 1966 年“文化大革命”发生，这十年是党领导全国各族人民全面建设社会主义的十年，是党对中国社会主义建设道路艰辛探索的十年。

十年建设成就

在工业建设方面，按原价计算，1966 年的全国工业固定资产同 1956 年相比，增长了三倍。棉纱、原煤、发电量、钢和机械设备等主要工业产品的产量，都有很大增长。石油工业的发展尤其突出，到 1965 年已经实现原油的全部自给。电子工业、石油化

王进喜和石油工人雕像

工、原子能、航天等一批新兴工业的建设初见成效。

铁路、公路、水运、航空、邮电等事业都有较大发展。十年间，国家新修铁路8000千米。除西藏外，各省、市、自治区都有了铁路，宁夏、青海、新疆等第一次通了火车。

农业基本建设和技术改造大规模展开，并逐步收到成效。全国农用拖拉机产量和化肥施用量都增长6倍以上，农村用电量增长70倍。

科学技术工作取得比较突出的成果。在基础科学研究方面，1965年中国在世界上首次人工合成结晶牛胰岛素。在国防科学技术的研究方面，1961年中央做出以研制“两弹”为中心，加速国防科研和工业发展的重大决策。经过广大科研人员、解放军指战员以及有关部门的职工、干部的共同努力，1964年10月16日，中国成功地爆炸第一颗原子弹，有力地打破了超级大国的核垄断和核讹诈，提高了中国的国际地位。此外，中国的导弹和人造卫星的研制也取得突破性进展。这些成就集中代表了中国科学技术在当时达到的新水平。

总体评价

这个时期，党的指导方针在大部分时间里基本上是正确的。社会主义建设取得了很大的成就。党为后来的社会主义建设培养和锻炼了大批经济文化人才。

由于对社会主义建设的经验不足，对经济发展规律和中国经济基本情况的认识不足，致使党的工作在指导方针上有过严重失误。不过，同取得的伟大成就相比，这些失误和挫折是处于次要地位的。同时，我们党从失误和挫折中积累了建设社会主义的正反两方面的重要经验。

094 中国是如何恢复在联合国的合法席位的?

中国是联合国的创始成员国和联合国安理会五个常任理事国之一。1949 年，中华人民共和国成立。根据国际法准则和国际组织惯例中的政府继承原则，中国在联合国的合法席位应由中华人民共和国中央人民政府继承。然而，由于美国的阻挠，这一席位长期被台湾当局窃据。

联合国的成立

从 1942 年初到 1945 年 5 月，中国与美、英、苏一起为筹建联合国作了一系列准备工作。1945 年 4 月 25 日，来自全世界 50 多个国家的代表在美国旧金山举行会议，一致通过了联合国宪章。同年 6 月 25 日，与会各国代表在联合国宪章的中、法、俄、英、西五种联合国正式语言文本上签字，包括中国共产党的代表董必武。当时，他是中国代表团的成员之一。同年 10 月 24 日，联合国宪章正式生效。联合国作为一个主权国家组成的政府间国际组织，正式宣告成立。

中国恢复在联合国的合法席位

从 1949 年到 1971 年，围绕恢复中国在联合国的合法席位问题，中国政府和人民与有关敌对势力进行了长期的斗争。

美国尼克松政府上台后，为适应冷战的需要，调整了对华政策，主张与中华人民共和国和解，发展并建立两国间正常的关系。以往，美国通过操纵表决机器把中国代表挡在联合国的大门之外。

联合国总部大厦

不过，随着广大发展中国家参与国际事务的积极性越来越高，美国继续耍这种把戏的困难便越来越大。在这种情况下，中国恢复在联合国合法席位的时机逐渐成熟了。

1971年9月，第26届联大召开，阿尔巴尼亚等23国提出了这样一个提案：恢复中华人民共和国在联合国的合法席位，并立即把台湾当局的代表从联合国及其所属的一切机构中驱逐出去。同年10月25日，这一提案以76票赞成、35票反对和17票弃权的结果获得通过。表决结束后，台湾当局的代表很快就离开了会场，提案国代表则纷纷起立，相互拥抱，热烈鼓掌，全场一片欢腾，“中国万岁”的欢呼声响彻会场。

095 什么是家庭联产承包责任制？

1978年，中国有2.5亿农村人口未解决温饱问题，农村经济处于危险的境地。当年11月的一个晚上，安徽省凤阳县梨园公社小岗生产队的18位农民秘密集会，共同签订了一份契约，并揭开了中国农村改革的序幕。

家庭联产承包责任制的诞生

1968年，小岗生产队全队只收了2万斤粮食，人均口粮105斤，人均年分配15元。此后多年，每到秋收之后，家家户户都会拖儿带女地外出讨饭。1978年，安徽遭遇了百年不遇的大旱，长期忍饥挨饿的小岗人终于忍不住了。11月24日晚上，小岗生产队秘密召开会议，决定包产到户。到会的18位农民郑重立下契约：保证包产到户后完成每户的上交公粮，不再向国家伸手要钱要粮。如果因为包产到户而惹出祸端，村干部甘愿坐牢杀头，而村民们要把干部的小孩养到18岁。

1979年，小岗生产队获得了大丰收，粮食产量达13.2万斤，油料产量达3.5万斤。全队粮食征购任务为2800斤，实际向国家交售2.5万斤。小岗由“讨饭队”一跃成为“冒尖队”，“大包干”的名声迅速传开。在农民自发的创造和党中央的大力支持下，以“包产到户”为主要形式的家庭联产承包责任制在全国推广开来。

家庭联产承包责任制的内容

家庭联产承包责任制是农户以家庭为单位向集体组织承包土

地等生产资料和生产任务的农业生产责任制形式，其基本特点是在保留集体经济必要的统一经营的同时，集体将土地和其他生产资料承包给农户，承包户根据承包合同规定的权限，独立做出经营决策，并在完成国家和集体任务的前提下分享经营成果。

家庭联产承包责任制的影响

在保证土地归集体所有的前提下，家庭联产承包责任制实行宜统则统、宜分则分的双层管理体制，充分发挥了集体的优越性和农户的积极性。作为农村经济体制改革的产物，家庭联产承包责任制结束了极端平均主义的人民公社体制，使农民获得了农业生产自主权和剩余索取权，推动农业进入了一个超常规发展的“黄金时期”，广大农民的生活水平也得到显著提高。

与此同时，家庭联产承包责任制使农村形成了一定的资金积累，从而为20世纪80年代乡镇企业的兴起创造了条件。更为重要的是，作为中国经济体制改革的开端，家庭联产承包责任制的成功实践为此后经济体制改革的顺利推进打下了坚实的基础。

小岗村大包干纪念馆

096 为什么说十一届三中全会是“伟大的历史转折”？

1978 年 12 月，党召开十一届三中全会。以这次会议为标志，中国开始了从“以阶级斗争为纲”到以经济建设为中心、从僵化半僵化到全面改革、从封闭半封闭到对外开放的历史性转变。

《解放思想，实事求是，团结一致向前看》

同年 12 月 13 日，邓小平在中央工作会议闭幕会上发表了题为《解放思想，实事求是，团结一致向前看》的重要讲话。讲话指出，首先是解放思想，只有思想解放了，我们才能正确地以马列主义、毛泽东思想为指导，解决过去遗留的问题，解决新出现的一系列问题。一个党，一个国家，一个民族，如果一切从本本

邓小平同志雕像

出发，思想僵化，迷信盛行，那它就不能前进，它的生机就停止了，就要亡党亡国。邓小平在讲话中提出改革经济体制的任务。他语重心长地说：“如果现在再不实行改革，我们的现代化事业和社会主义事业就会被葬送。”这篇讲话是解放思想、开辟新时期新道路的宣言书，实际上成为随后召开的党的十一届三中全会的主题报告。

十一届三中全会的会议精神

1978 年 12 月 18 日至 22 日，党的十一届三中全会在北京召开。全会冲破长期“左”的错误的严重束缚，彻底否定“两个凡是”的错误方针，高度评价关于真理标准问题的讨论，重新确立了党的实事求是的思想路线。

全会停止使用“以阶级斗争为纲”的口号，及时地、果断地结束全国范围的揭批林彪、“四人帮”的群众运动，决定从 1979 年 1 月起，把全党的工作重点和全国人民的注意力转移到社会主义现代化建设上来。全会提出了改革开放的任务。全会指出，实现四个现代化是一场广泛、深刻的革命。要采取一系列新的重大的经济措施，对经济管理体制和经营管理方法进行认真的改革，在自力更生的基础上积极发展同世界各国平等互利的经济合作。

十一届三中全会的历史意义

党的十一届三中全会的胜利召开，标志着粉碎“四人帮”后党和国家工作在徘徊中前进的局面的结束。全会重新确立马克思主义的思想路线、政治路线、组织路线，实现了中华人民共和国成立以来党的历史上具有深远意义的伟大转折，开启了我国改革开放和社会主义现代化建设的新时期。

097 中美两国是如何建交的？

中华人民共和国成立后，美国采取长期敌视中国的政策。1969 年，尼克松总统上台后，逐步改变了对华政策，中美间的紧张关系得到了一定程度的缓和。

中美关系“破冰”的背景

20 世纪 70 年代，美国要尽快消除越南战争败局造成的影响，并维持它在世界上的霸权地位，还要应对苏联的挑战，所以迫切需要改善同中国的关系。中国要着重应对苏联当时对我国安全所构成的直接和严重的威胁，要解决台湾问题以实现国家统一大业，要恢复和扩大国际交往、积极参与国际事务，也需要缓和同美国的关系。由此可见，中美关系的改善是双方基于国际形势变化做出的重大战略选择。

“乒乓外交”和秘密接触

1970 年 10 月和 12 月，毛泽东两次会见美国记者斯诺，明确表示：如果尼克松愿意来，我愿和他谈，谈得成谈不成都行。同时，美国方面也分别通过巴基斯坦和罗马尼亚领导人带口信，向中国表达了希望派秘密使节访问中国的意愿。1971 年 4 月，在日本举行的第 31 届世界乒乓球锦标赛期间，毛泽东决定邀请美国乒乓球队访华，由此打开了中美之间文化交流的大门，此访被人们誉为“小球转动大球”的“乒乓外交”。经过几次秘密接触，5 月 29 日，尼克松总统接到中方的口信：欢迎美国总统国家安全事务助理基辛格来北京举行秘密会晤。7 月 9 日—11 日，基辛格秘密访问中国，同中国总理周恩来举行了会谈。随后，中美双方宣布，尼克松总统将在 1972 年访问中国。这一消息在世界上引起巨大震动。

尼克松访华与中美建交

1972 年 2 月 21 日，尼克松总统一行抵达北京，对中国进行正式访问。当日，毛泽东会见尼克松，双方进行了友好的谈话，为中美关系的缓和与发展定下基调。随后，周恩来和尼克松进行了多次会谈。2 月 28 日，中美双方在上海发表了举世瞩目的《中美联合公报》。至此，两国结束了长期的敌对状态，开始走向关系正常化，这是中美关系史上的一件大事，也对国际形势产生了重大影响。

1979 年 1 月 1 日，中美两国正式建立大使级外交关系。

尼克松到访中国

098 深圳是如何从小渔村变成国际大都市的？

40 多年前，广东省有一个宝安县，它的县城名叫深圳镇。这个边陲小镇的面积仅有 2 平方千米，镇上只有一条街、一座五层的县委小楼，经济以农业为主，工业基础十分薄弱。1979 年，宝安县的工业产值只有 0.61 亿元，人民生活的改善较为缓慢。而这个不起眼的宝安县就是今天的国际大都市深圳的前身。

深圳的崛起

1979 年 3 月，中央和广东省决定把宝安县改为深圳市，11 月中共广东省委决定将深圳市改为地区一级的省辖市。1980 年 8 月 26 日，第五届全国人民代表大会常务委员会第十五次会议通过了由国务院提出的《广东省经济特区条例》，批准在深圳设置经济特区。根据《广东省经济特区条例》，深圳市制定了一系列吸引外资的优惠政策，包括企业经营自主权、税收、土地使用、外汇管理、产品销售、出入境管理等。通过来料加工、补偿贸易、合资经营、合作经营、独资经营和租赁的形式，深圳吸引了大量外资，加速了经济特区的迅猛发展。

2020 年 10 月 14 日，习近平总书记在《在深圳经济特区建立 40 周年庆祝大会上的讲话》中指出：“40 年来，深圳奋力解放和发展社会生产力，大力推进科技创新，地区生产总值从 1980 年的 2.7 亿元增至 2019 年的 2.7 万亿元，年均增长 20.7%，经济总量位居亚洲城市第五位，财政收入从不足 1 亿元增加到 9424 亿元，实现了由一座落后的边陲小镇到具有全球影响力的国际化大都市的历史性跨越。”

经济特区是中国经济成功的关键引擎

以深圳为代表的经济特区吸引了大量的外资和先进技术，吸收了国外的先进经营管理经验。它们不仅大大提高了有关地区的经济发展水平，增强了区域市场竞争力，增加了就业机会，提高了人民收入水平，催生了新的产业结构和社会经济结构，还对全国经济发展形成重大的示范和辐射效应，在很大程度上带动了全国经济发展，拓展了中国走向世界的通道，开辟了世界了解中国改革开放政策的窗口，使得中国的对外开放、对外贸易不断走上新台阶。

因此，经济特区在中国经济中发挥了至关重要的作用，成为中国经济成功的关键引擎。

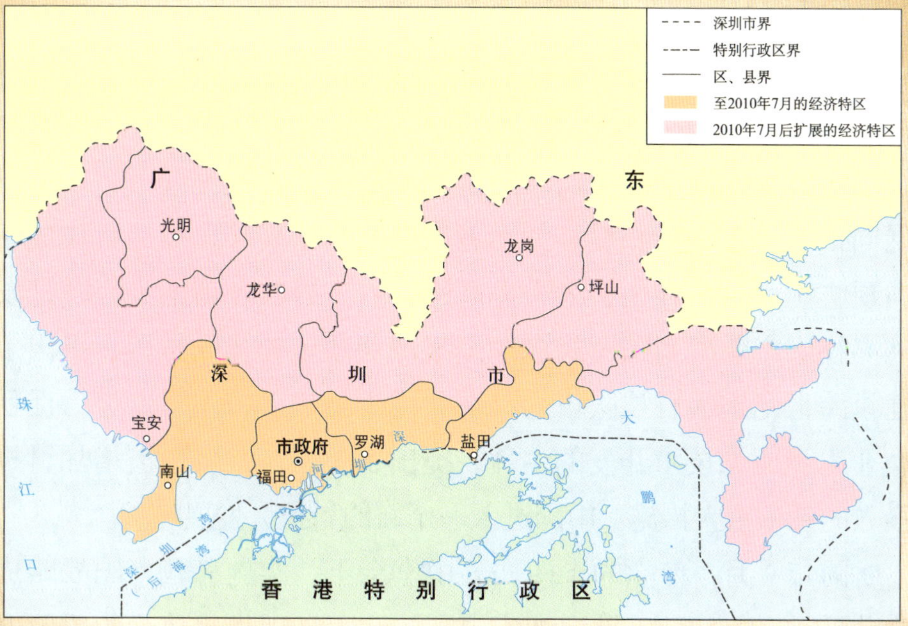

深圳经济特区示意图

099 什么是科教兴国战略?

在现代社会，国际竞争的本质是综合国力的竞争，关键是科学技术的竞争。在科学技术对我国现代化建设的推动作用日益受到重视的背景下，我国逐步提出和实施了科教兴国战略。

科学技术是第一生产力

20 世纪 70 年代后期到 90 年代初期，邓小平提出实现“四个现代化，科学技术现代化是关键，基础是教育”的核心思想，为科教兴国战略的形成奠定了理论基础和实践基础。

科教兴国战略的提出

1995 年 5 月，中共中央、国务院颁布了《关于加速科学技术进步的决定》，召开了全国科学技术大会，进一步明确了新时期科技工作的基本方针，强调当前紧迫而重要的任务是经济、社会发展向依靠科技进步和提高劳动者素质的轨道转移，加速科技成果向现实生产力的转化，大力提高国家自主科技创新能力，并把发展高技术产业提到国民经济和国家产业政策的优先位置，提出了建设跨世纪宏大科技队伍的一系列重大措施，强调了要努力促使企业逐步成为技术开发的主体，提出了多层次、多渠道增加科技投入的几项重大措施。中国进入一个新的科技大发展时期。

同年 9 月，在党的十四届五中全会上，实施科教兴国战略成为此后 15 年直至 21 世纪加速中国社会主义现代化建设的重要方针之一。1996 年，八届全国人大四次会议正式提出了国民经济和社会发展“九五”计划和2010年远景目标，其中科教兴国成为中国的基本国策。

科教兴国战略的意义

科教兴国战略是中共中央、国务院按照邓小平理论和党的基本路线，科学分析和总结世界近代以来特别是当代经济、社会、科技发展的趋势和经验，并充分估计未来科学技术特别是高技术发展对综合国力、社会经济结构、人民生活和现代化进程的巨大影响，根据中国社会主义现代化建设的现实情况，为实现社会主义现代化建设三步走的目标而提出的发展战略。坚持科学技术是第一生产力，把经济建设真正转移到依靠科技进步和提高劳动者素质的轨道上来，是一场广泛而深刻的变革。实施科教兴国战略，有利于促进经济的发展和社会的全面进步，满足人民日益增长的美好生活需要，有利于增强中国的综合国力，提高中国的国际地位。

北京大学的校门

100 中国是怎样加入世界贸易组织的？

2001年12月11日，中国正式加入世界贸易组织（简称“世贸组织”），这是我国改革开放和社会主义现代化建设进程中的一个重要里程碑。

“复关”与“入世”

1948年，中国成为关贸总协定原始缔约国之一。中华人民共和国成立后，由于长期未能进入联合国，中国关贸总协定的地位问题被搁置。1950年3月，台湾当局非法地退出关贸总协定。从此，中国失去了关贸总协定的会员资格。1986年，中国正式提出“复关”（恢复关贸总协定缔约国地位）申请。1995年1月，世界贸易组织（WTO）成立，1年后该组织取代关贸总协定。于是，“复关”谈判变为“入世”（加入世界贸易组织）谈判。

中国面临的机遇与挑战

加入世贸组织是中国进一步深化对外开放的标志。它为中国带来了如下机遇：有利于中国参与国际经济合作和国际分工，促进经济发展；有利于扩大出口和利用外资，并在平等条件下参与国际竞争；有利于促进技术进步、产业升级和经济结构调整，进一步完善社会主义市场经济体制；也有利于社会主义市场经济的发展和人民生活水平的提高。

同时，加入世贸组织对我国的弱势产业是一个严峻的挑战。如果不加快改革的步伐，这些产业将面临被淘汰的危险。随着国内市场的进一步开放，关税的大幅度减让，外国产品、服务和投资有可能更多地进入中国市场，国内的一些产业将面临更加激烈的竞争。

中国“入世”以来的成就

“入世”以来，中国不断紧抓机遇，迎接挑战，在对外贸易方面取得了辉煌的成就。

首先，中国经济总量从世界第六位上升到第二位，国内生产总值从2001年的1.34万亿美元攀升至2020年的14.73万亿美元，国内生产总值全球占比从2001年的4%上升至2020年的17%，对世界经济增长的贡献率超过30%。

其次，中国货物贸易总量从世界第六位跃居世界首位，利用外资稳居发展中国家首位，对外直接投资从世界第26位跃居世界第一。2020年末，中国对外直接投资存量达2.58万亿美元，仅次于美国和荷兰，在全球外国直接投资中的影响力不断扩大。

中欧班列